Frommer's®

German PhraseFinder & Dictionary

1st Edition

D0683600

WILEY
Wiley Publishing, Inc.

Published by:

Wiley Publishing, Inc.
111 River St.
Hoboken, NJ 07030-5774

Copyright © 2008 Wiley Publishing, Inc., Hoboken, New Jersey. All rights reserved. No part of this publication may be reproduced, stored in a retrieval system, or transmitted in any form or by any means, electronic, mechanical, photocopying, recording, scanning, or otherwise, except as permitted under Sections 107 or 108 of the 1976 United States Copyright Act, without either the prior written permission of the Publisher, or authorization through payment of the appropriate per-copy fee to the Copyright Clearance Center, 222 Rosewood Drive, Danvers, MA 01923, 978/750-8400, fax 978/646-8600. Requests to the Publisher for permission should be addressed to the Legal Department, Wiley Publishing, Inc., 10475 Crosspoint Blvd., Indianapolis, IN 46256, 317/572-3447, fax 317/572-4355, or online at http://www.wiley.com/go/permissions.

Wiley and the Wiley Publishing logo are trademarks or registered trademarks of John Wiley & Sons, Inc. and/or its affiliates. Frommer's is a trademark or registered trademark of Arthur Frommer. Used under license. All other trademarks are the property of their respective owners. Wiley Publishing, Inc. is not associated with any product or vendor mentioned in this book.

ISBN-13: 978-0-470-17839-3

Editor: Jim Cohen
Series Editor: Maureen Clarke
Photo Editor: Richard H. Fox
Illustrations by Maciek Albrecht

Translation, Copyediting, Proofreading, Production, and Layout by:
Lingo Systems, 15115 SW Sequoia Pkwy, Ste 200, Portland, OR 97224

For information on our other products and services or to obtain technical support, please contact our Customer Care Department within the U.S. at 800/762-2974, outside the U.S. at 317/572-3993 or fax 317/572-4002.
Wiley also publishes its books in a variety of electronic formats. Some content that appears in print may not be available in electronic formats.

Manufactured in the United States of America

5 4 3 2 1

Contents

Introduction vii

1 **Survival German (& Grammar Basics)** 1

Basic Greetings **1**, The Key Questions **3**, Numbers & Counting **7**, Measurements **10**, Time **11**, The Alphabet **16**, Pronunciations **16**, Personal Pronouns **20**, Regular Verb Conjugations **20**, To Be or not To Be (SEIN) **23**, Irregular Verbs **24**, Reflexive Verbs **29**

2 **Getting There & Getting Around** 30

At the Airport **30**, Renting a Vehicle **42**, By Taxi **50**, By Train **51**, By Bus **52**, By Boat or Ship **54**, By Subway **55**, Considerations for Travelers with Special Needs **57**

3 **Lodging** 58

Room Preferences **58**, In-Room Amenities **64**, Happy Camping **70**

4 **Dining** 72

Finding a Restaurant **72**, Ordering **76**, Drinks **80**, Settling Up **82**, Menu Reader **83**, Buying Groceries **89**

5 **Socializing** 99

Greetings **99**, Curse Words **101**, Getting Personal **102**, Topics of Conversation **113**, Getting to Know Someone **116**

6 **Money & Communications** 120

Money 120, Phone Service 122, Internet Access 126, Getting Mail 128

7 **Culture** 132

Cinema 132, Performances 133, Museums, Galleries & Sights 135

8 **Shopping** 137

General Shopping Terms 137, Clothes Shopping 138, Artisan Market Shopping 141, Bookstore / Newsstand Shopping 144, Shopping for Electronics 144, At the Barber / Hairdresser 146

9 **Sports & Fitness** 149

Getting Fit 149, Catching a Game 152, Hiking 154, Boating or Fishing 157, Diving 158, Surfing 159, Golfing 160

10 **Nightlife** 163

Club Hopping 163, Across a Crowded Room 167, Getting Intimate 170, In the Casino 173

11 **Health & Safety** 175

At the Pharmacy 175, At the Doctor's Office 177, At the Police Station 182

English–German Dictionary 185

German–English Dictionary 224

An Invitation to the Reader

In researching this book, we discovered many wonderful sayings and terms useful to travelers in German-speaking countries. We're sure you'll find others. Please tell us about them so we can share them with your fellow travelers in upcoming editions. If you were disappointed about any aspect of this book, we'd like to know that, too. Please write to:

Frommer's German PhraseFinder & Dictionary, 1st Edition
Wiley Publishing, Inc.
111 River St. • Hoboken, NJ 07030-5774

An Additional Note

The packager, editors and publisher cannot be held responsible for the experience of readers while traveling. Your safety is important to us, however, so we encourage you to stay alert and aware of your surroundings. Keep a close eye on cameras, purses, and wallets, all favorite targets of thieves and pickpockets.

Frommers.com

Now that you have the language for a great trip, visit our website at **www.frommers.com** for travel information on more than 3,600 destinations. With features updated regularly, we give you instant access to the most current trip-planning information available. At Frommers.com you'll also find the best prices on airfares, accommodations, and car rentals—and you can even book travel online through our travel booking partners. Frommers.com also features:

- Online updates to our most popular guidebooks
- Vacation sweepstakes and contest giveaways
- Newsletter highlighting the hottest travel trends
- Online travel message boards with featured travel discussions

ABOUT THE EDITOR

Jim Cohen is a professional translator and editor living in New York City. He spent a year in Heidelberg, Germany, before attending the University of Massachusetts at Amherst, where he received an M.A. in German. When he is not translating and editing, he enjoys running and spending time with his fiancée, Blythe.

INTRODUCTION: HOW TO USE THIS BOOK

More than 80 million people in Germany, Switzerland, Austria, and Luxembourg are native speakers of German. Tens of millions more speak it as a second language. German is the language of music, art, philosophy, science, and literature. Like English, German is a Germanic language, and they share many cognates, or words that look alike with similar meanings.

Our intention is not to teach you German; a class or audio program is better for that. Our aim is to provide a portable travel tool that's easy to use. The problem with most phrasebooks is that you practically have to memorize the contents before you know where to look for the term you need on the spot. This phrasebook is designed for fingertip referencing, so you can whip it out and find the words you need fast.

Part of this book organizes terms by chapters, like the sections in a Frommer's guide—getting a room, getting a good meal, etc. Within those divisions, we tried to organize phrases intuitively, according to how frequently most readers would be likely to use them. The most unique feature, however, is the two-way PhraseFinder dictionary in the back, which lists words as well as phrases organized by key word. Say a taxi driver hands you €5 instead of €10. Look up "change" in the dictionary and discover how to say: "Sorry, but this isn't the correct change."

To make best use of the content, we recommend that you spend some time flipping through it before you depart for your trip. Familiarize yourself with the order of the chapters. Read through the pronunciations section in chapter one and practice pronouncing random phrases throughout the book. Try looking up a few phrases in the phrasebook section as well as in the dictionary. This way, you'll be able to locate phrases faster and speak them more clearly when you need them.

What will make this book most practical? What will make it easiest to use? These are the questions we asked ourselves repeatedly as we assembled these travel terms. Our immediate goal was to create a phrasebook as indispensable as your passport. Our far-ranging goal, of course, is to enrich your experience of travel. And with that, we wish you *Viel Spass!* (Have a great trip!)

CHAPTER ONE

SURVIVAL GERMAN

If you tire of toting around this phrasebook, tear out this chapter. You should be able to navigate your destination with only the terms found in the next 29 pages.

BASIC GREETINGS

For a full list of greetings, see p99.

Hello.	**Hallo.** *Hah-LOH.*
How are you?	**Wie geht es Ihnen?** *Vee GHEHHT as eehnen?*
I'm fine, thanks.	**Mir geht es gut, danke.** *Mere ghehht as GOOT, dunk-eh.*
And you?	**Und Ihnen?** *Oonnd EEHNEN?*
My name is ____.	**Ich heiße ____.** *Ee[ch] HYE-sseh ____.*
And yours?	**Wie heißen Sie?** *Vee hye-ssenn ZEE?*
It's a pleasure to meet you.	**Freut mich, Sie kennen zu lernen.** *Froyd mi[ch], zee CANON tsoo lehr-nen.*
Please.	**Bitte.** *BIT-eh.*
Thank you.	**Danke.** *DUNK-eh.*
Yes.	**Ja.** *Yahh.*
No.	**Nein.** *Nine.*
Okay.	**OK.** *Okay.*

No problem.	**Kein Problem.** *Kyne proh-BLEHM.*
I'm sorry, I don't understand.	**Entschuldigung, ich verstehe Sie nicht.** *Ennt-SHOOLL-dee-ghoong, ee[ch] fair-SHTEH-heh zee ni[ch]t.*
Would you speak slower please?	**Könnten Sie bitte etwas langsamer sprechen?** *K[oe]nn-ten zee bit-eh at-vahs LUNG-sah-mehr shpre-[ch]en?*
Would you speak louder please?	**Könnten Sie bitte etwas lauter sprechen?** *K[oe]nn-ten zee bit-eh at-vahs LOU-tehr shpre-[ch]en?*
Do you speak English?	**Sprechen Sie Englisch?** *Shpre-[ch]en zee ENG-lish?*
Do you speak any other languages?	**Sprechen Sie irgendeine andere Sprache?** *Shpre-[ch]en zee irr-ghend eye-ne UN-deh-reh shpra-[ch]eh?*
I speak ____ better than German.	**Ich spreche besser ____ als Deutsch.** *Ee[ch] shpre-[ch]eh bess-er ____ ahlls doytsh.*
Would you spell that?	**Könnten Sie das bitte buchstabieren?** *K[oe]nn-ten zee dahs bit-eh bu[ch]-shtah-BEE-ren?*
Would you please repeat that?	**Könnten Sie das bitte wiederholen?** *K[oe]nn-ten zee dahs bit-eh veeder-HOH-len?*
Would you point that out in this dictionary?	**Könnten Sie mir das bitte in diesem Wörterbuch zeigen?** *K[oe]nn-ten zee mere dahs bit-eh in dee-sem V[OE]R-tehr-boo[ch] tsai-ghen?*

THE KEY QUESTIONS

With the right hand gestures, you can get a lot of mileage from the following list of single-word questions and answers.

Who?	**Wer?** *Vehr?*
What?	**Was?** *Vahs?*
When?	**Wann?** *Vahnn?*
Where?	**Wo?** *Voh?*
To where?	**Wohin?** *Voh-HINN?*
Why?	**Warum?** *Vah-ROOM?*
How?	**Wie?** *Vee?*
Which?	**Welcher (m) / Welche (f) / Welches (n)?** *VELL-[ch]err / VELL-[ch]eh / VELL-[ch]ess?*
How many? / How much?	**Wie viele?** *Vee FEE-leh?*

THE ANSWERS: WHO

For full coverage of pronouns, see p20.

I	**Ich** *Ee[ch]*
you	**Sie (formal, sing. + pl.) / du (informal, sing.) / ihr (informal, pl.)** *zee / doo / eehr*
him	**er** *air*
her	**sie** *zee*
us	**wir** *veer*

them	**sie (pl.)** *zee*

THE ANSWERS: WHEN

For full coverage of time, see p11.

now	**jetzt** *yetst*
later	**später** *SHP[AE]-tehr*
in a minute	**gleich** *glye[ch]*
today	**heute** *HOY-teh*
tomorrow	**morgen** *MORR-ghenn*
yesterday	**gestern** *GHESS-tehrn*
in a week	**in einer Woche** *in eye-nehr VOH-[ch]eh*
next week	**nächste Woche** *n[ae][ch]s-teh VOH-[ch]eh*
last week	**letzte Woche** *lets-teh VOH-[ch]eh*
next month	**nächsten Monat** *n[ae][ch]s-ten MOH-naht*
At ____	**Um ____** *Oomm ____*
ten o'clock this morning.	**zehn Uhr heute Morgen.** *TSEHN oohr hoy-teh MORR-ghenn.*
two o'clock this afternoon.	**zwei Uhr heute Nachmittag.** *TSVAIH oohr hoy-teh NAH[CH]-mitt-tahhg.*
seven o'clock this evening.	**sieben Uhr heute Abend.** *ZEE-ben oohr hoy-teh AHH-bend.*

For full coverage of numbers, see p7.

THE ANSWERS: WHERE

here	**hier** *hear*
there	**dort** *dohrrt*
near	**in der Nähe von** *in dehr N[AE]H-heh fonn*
closer	**näher** *N[AE]H-herr*
closest	**am nächsten** *umm N[AE][CH]s-ten*
far	**weit weg** *VYTE vegg*
farther	**weiter weg** *VYE-tehr vegg*
farthest	**am weitesten weg** *umm VYE-tess-ten vegg*
across from	**gegenüber von** *ghe-ghenn-[UE]H-behr fonn*
next to	**neben** *NEH-ben*
behind	**hinter** *HINN-tehr*
straight ahead	**geradeaus** *ghe-rah-deh-OUS*
left	**links** *links*
right	**rechts** *re[ch]ts*
up	**aufwärts** *OUF-v[ae]rts*
down	**abwärts** *UPP-v[ae]rts*

lower	**niedriger (height) / geringer (price)** *NEE-drigger / ghe-RING-er*
higher	**höher** *H[OE]-hehr*
forward	**vorwärts** *FOHR-v[ae]rts*
back	**zurück** *tsoo-R[UE]KK*
around	**herum** *heh-ROOMM*
across the street	**auf der anderen Straßenseite** *ouf dehr UN-deh-renn SHTRAH-ssen-sye-teh*
down the street	**am Ende der Straße** *umm enn-deh dehr SHTRAH-sseh*
on the corner	**an der Ecke** *unn dehr EKKEH*
kitty-corner	**schräg gegenüber** *shr[ae]gg gheh-ghenn-[UE]H-behr*
____ blocks from here	**____ Straßen von hier** *SHTRAH-ssen fonn hear*

For a full list of numbers, see the next page.

THE ANSWERS: WHICH

this one	**dieser (m) / diese (f) / dieses (n)** *DEE-sehr / DEE-seh / DEE-sess*
that (that one, close by)	**dieser (m) / diese (f) / dieses (n)** *DEE-sehr / DEE-seh / DEE-sess*
(that one, in the distance)	**jener (m) / jene (f) / jenes (n)** *YEH-nehr / YEH-neh / YEH-ness*
these	**diese** *DEE-seh*
those (those there, close by)	**diese (pl.)** *DEE-seh*

NUMBERS & COUNTING

one **Eins** *Aihnts*

two **Zwei** *Tsvaih*

three **Drei** *Drrye*

four **Vier** *Feer*

five **Fünf** *F[ue]nff*

six **Sechs** *Zeks*

seven **Sieben** *ZEE-ben*

eight **Acht** *A[ch]t*

nine **Neun** *Noyn*

ten **Zehn** *Tsehn*

eleven **Elf** *Ellf*

twelve **Zwölf** *Tsv[oe]llf*

thirteen **Dreizehn** *DRRYE-tshen*

fourteen **Vierzehn** *FEER-tsehn*

fifteen **Fünfzehn** *F[UE]NFF-tsehn*

sixteen **Sechzehn** *ZE[CH]-tsehn*

seventeen **Siebzehn** *ZEEB-tsehn*

eighteen **Achtzehn** *A[CH]-tsehn*

nineteen **Neunzehn** *NOYN-tsehn*

twenty **Zwanzig** *TSVANN-tsigg*

twenty-one **Einundzwanzig** *AIHNN-oonnd-tsvann-tsigg*

thirty **Dreißig** *DRRYE-sigg*

forty **Vierzig** *FEER-tsigg*

fifty **Fünfzig** *F[UE]NFF-tsigg*

sixty **Sechzig** *ZE[CH]-tsigg*

seventy **Siebzig** *ZEEB-tsigg*

eighty **Achtzig** *A[CH]-tsigg*

ninety **Neunzig** *NOYN-tsigg*

one hundred **Einhundert** *AIHN-hoonn-dehrt*

two hundred **Zweihundert** *TSVAIH-hoonn-dehrt*

one thousand **Eintausend** *aihn-TOWSEND*

FRACTIONS & DECIMALS

one eighth
ein Achtel
aihn A[CH]-tell

one quarter
ein Viertel
aihn FEER-tell

one third
ein Drittel
aihn DRITT-tell

one half
die Hälfte
dee H[AE]LLF-teh

two thirds
zwei Drittel
tsvaih DRITT-tell

three quarters
drei Viertel
drrye FEER-tell

double
doppelt
DOP-pellt

triple
dreifach
DRRYE-fah[ch]

one tenth
ein Zehntel
aihn TSEHN-tell

one hundredth
ein Hundertstel
aihn HOON-derts-tell

one thousandth
ein Tausendstel
aihn TOW-sends-tell

MATH

addition
Addition
AH-dee-tsee-ohn

2 + 1
zwei plus eins
tsvaih plooss aihnts

subtraction
Subtraktion
ZOOBB-trahkk-tsee-ohn

2 - 1
zwei minus eins
tsvaih mee-nooss aihnts

multiplication
Multiplikation
MUHLL-tee-plee-kah-tsee-ohn

2 x 3	**zwei mal drei** *tsvaih mahl drye*
division	**Division** *DEE-vee-see-ohn*
6 ÷ 3	**sechs geteilt durch drei** *zekks gheh-TYLET doorr[ch] drye*

ORDINAL NUMBERS

first	**erster (m) / erste (f) / erstes (n)** *AIHRS-tehr / AIHRS-teh / AIHRS-tess*
second	**zweiter (m) / zweite (f) / zweites (n)** *TSVAIH-tehr / TSVAIH-teh / TSVAIH-tess*
third	**dritter (m) / dritte (f) / drittes (n)** *DRITT-ehr / DRITT-eh / DRITT-tess*
fourth	**vierter (m) / vierte (f) / viertes (n)** *FEER-tehr / FEER-teh / FEER-tess*
fifth	**fünfter (m) / fünfte (f) / fünftes (n)** *F[UE]NFF-tehr / F[UE]NFF-teh / F[UE]NFF-tess*
sixth	**sechster (m) / sechste (f) / sechstes (n)** *ZEKS-tehr / ZEKS-teh / ZEKS-tess*
seventh	**siebter (m) / siebte (f) / siebtes (n)** *ZEEB-tehr / ZEEB-teh / ZEEB-tess*
eighth	**achter (m) / achte (f) / achtes (n)** *A[CH]-tehr / A[CH]-teh / A[CH]-tess*
ninth	**neunter (m) / neunte (f) / neuntes (n)** *NOYN-tehr / NOYN-teh / NOYN-tess*
tenth	**zehnter (m) / zehnte (f) / zehntes (n)** *TSEHN-tehr / TSEHN-teh / TSEHN-tess*
last	**letzter (m) / letzte (f) / letztes (n)** *LETS-tehr / LETS-teh / LETS-tess*

MEASUREMENTS

millimeter	**Millimeter** *MIL-lee-meh-tehr*
centimeter	**Zentimeter** *TSENN-tee-meh-tehr*
meter	**Meter** *MEH-tehr*
kilometer	**Kilometer** *KEE-loh-meh-tehr*
squared	**quadriert** *kvah-DREEHRT*
short	**kurz** *koorrts*
long	**lang** *lahng*

VOLUME

milliliters	**Milliliter** *MIL-lee-lee-tehr*
liter	**Liter** *LEE-tehr*
kilo	**Kilo** *KEE-loh*
cup	**Tasse** *TAHSS-eh*

QUANTITY

some	**etwas** *AT-vahs*
none	**nichts** *ni[ch]ts*
all	**alles** *AHLL-ehs*
many / much	**viele / viel** *FEEL-eh / feel*

a little bit (can be used for quantity or for time)	**etwas** *AT-vahs*
dozen	**Dutzend** *DUTT-send*

SIZE

small	**klein** *klyne*
the smallest	**der / die / das Kleinste** *dehr / dee / dahs KLYNES-teh*
medium	**mittel** *MITT-ell*
big	**groß** *grohs*
fat	**dick** *dick*
wide	**breit** *brryte*
narrow	**schmal** *shmahl*

TIME

Time in German is referred to, literally, by the clock. "What time is it?" translates literally as "How much clock is it?"

For full coverage of number terms, see p7.

HOURS OF THE DAY

What time is it?	**Wie spät ist es?** *Vee SHP[AE]HT isst as?*
At what time?	**Um wie viel Uhr?** *Oomm VEE-feel oohr?*
For how long?	**Wie lange?** *Vee LUNG-eh?*
It's one o'clock.	**Es ist ein Uhr.** *As isst AIHN oohr.*

It's two o'clock.
Es ist zwei Uhr.
As isst TSVAIH oohr.

It's two thirty.
Es ist halb drei.
As isst hahllb DRRYE.

It's two fifteen.
Es ist Viertel nach zwei.
As isst feer-tell nah[ch] TSVAIH.

It's a quarter to three.
Es ist Viertel vor drei.
As isst feer-tell fohr DRRYE.

It's noon.
Es ist Mittag.
As isst MITT-tahgg.

It's midnight.
Es ist Mitternacht.
As isst MITT-ehr-na[ch]t.

It's early.
Es ist früh.
As isst FR[UE]HH.

It's late.
Es ist spät.
As isst SHP[AE]HT.

in the morning
morgens
MORR-ghenns

in the afternoon
nachmittags
NA[CH]-mitt-tahggs

at night
nachts
na[ch]ts

dawn
Morgendämmerung
MORR-ghenn-d[ae]mm-eh-roong

DAYS OF THE WEEK

Sunday
Sonntag
ZONN-tahgg

Monday
Montag
MOHN-tahgg

Tuesday
Dienstag
DEENS-tahgg

Wednesday
Mittwoch
MITT-voh[ch]

Thursday
Donnerstag
DONN-airs-tahgg

Friday	**Freitag** *FRYE-tahgg*
Saturday	**Samstag** *ZAMMS-tahgg*
today	**heute** *HOY-teh*
tomorrow	**morgen** *MORR-ghenn*
yesterday	**gestern** *GHESS-tehrn*
the day before yesterday	**vorgestern** *FOHR-ghess-tehrn*
one week	**eine Woche** *eye-neh VOH-[ch]eh*
next week	**nächste Woche** *n[ae][ch]s-teh VOH-[ch]eh*
last week	**letzte Woche** *lets-teh VOH-[ch]eh*

MONTHS OF THE YEAR

January	**Januar** *YAHNN-oo-ahr*
February	**Februar** *FEHH-broo-ahr*
March	**März** *M[ae]rts*
April	**April** *ah-PRILL*
May	**Mai** *Maih*
June	**Juni** *YOU-nee*
July	**Juli** *YOU-lee*
August	**August** *ou-GHOOSST*

September	**September** *zepp-TEMM-behr*
October	**Oktober** *okk-TOH-behr*
November	**November** *no-FEMM-behr*
December	**Dezember** *deh-TSEMM-behr*
next month	**nächsten Monat** *n[ae][ch]s-ten MOH-naht*
last month	**letzten Monat** *lets-ten MOH-naht*

SEASONS OF THE YEAR

spring	**Frühling** *FR[UE]H-linng*
summer	**Sommer** *ZOMM-ehr*
autumn	**Herbst** *Herrbst*
winter	**Winter** *VINN-tehr*

Falsche Freunde

If you try winging it with Denglish, beware of false cognates, known as "*falsche Freunde*" (false friends)—German words that sound like English ones, but with different meanings. Here are some examples of false cognates.

bald	soon
kahl	bald
Menü	today's special
Speisekarte	menu
Gift	poison
Geschenk	gift
Billion	trillion
Milliarde	billion
Puff	bordello
Hauch / Zug	puff
konsequent	consistent(ly)
folglich	consequently
Dom	cathedral
Kuppel	dome
aktuell	current
eigentlich, wirklich	actual
also	thus, therefore
auch	also
Art	kind, type
Kunst	art
Bad	bath, spa
schlecht	bad
blenden	dazzle, blind
mischen	blend
brav	well behaved
tapfer	brave

GERMAN GRAMMAR BASICS

Like English, German is a Germanic language. Both languages have the same basic alphabet of 26 letters. German has three additional letters with the addition of the umlaut (the two dots over the a, o and u). German is a very phonetic language, meaning words are generally (though not always) pronounced the way they look.

THE ALPHABET

German is a straightforward language with a simple alphabet. It has 29 letters: all of the same letters found in the English alphabet, plus three additional vowels formed by adding an umlaut (two dots) over a, o and u. The umlaut changes the pronunciation of these vowels in a small but important way.

Letter	Name	Pronunciation
a	**a**	*ah (as in "fAther")*
ä	**aeh**	*aeh (as in "hEAven")*
b	**beh**	*b (as in "brave")*
c	**tseh**	*k (as in "caviar"); ("ch" at beginning of word: hard "k" sound (as in "character"), "ch" in the middle or at the end of a word: softer sound (as in Scottish pronunciation of "Loch"))*
d	**deh**	*d (as in "day")*
e	**ehh**	*eh (as in "help")*
f	**eff**	*f (as in "friend")*
g	**gheh**	*gh (as in "ghost")*
h	**hah**	*h (as in "hand")*
		stresses all vowels; for combinations with "c" see letter "c"
i	**eeh**	*ee (as in "bee")*
j	**yott**	*y (as in "yellow")*
k	**kah**	*c (as in "can")*
l	**ell**	*l (as in "lake")*
m	**emm**	*m (as in "mother")*

Letter	Name	Pronunciation
n	enn	*n (as in "name")*
o	ohh	*o (as in "often")*
ö	oeh	*u (as in "burger")*
p	peh	*p (as in "page");*

the combination "ph" is pronounced as "f" (as in "philosophy")

q	coo	*q (as in "quest")*
r	err	*r (as in "ERRor";*

however, the German "r" has to be spoken as a rolling "r"

s	ess	*s (as in "stay");*

the combination "st" at the beginning of a word is pronounced as "sh" (as in "shuttle"), while in the middle or at the end of a word it is pronounced as "st" (as in "stick"); the combination "sch" is pronounced as "sh" (as in "shelf")

t	teh	*t (as in "tea");*

the combination "tio" is pronounced as "tsee-yoh" (as in the German word "Aktion" - akk-tsee-YOHN)

u	ooh	*ooh*
ü	ueh	*ueh (a slight variant of the "ooh" sound)*
v	fauh	*f (as in "front")*
w	vehh	*v (as in "value")*
x	ikks	*x (as in "extra")*
y	YP-see-lohn	*ueh (see letter "ü")*
z	tsett	*ts (as in "iTS")*

PRONUNCIATION GUIDE

Vowels

a	ah as the a in father: Vater *(FAH-tehr)*
ä	eh like the ea in heaven: hätte *(hat-teh)*
au	ow as in cow: Haus *(hows)*
ai	aye as in "All in favor, say aye": Mai *(my)*
e	long as the a in tame: zehn *(tsayn)*
eu	oy as in toy: euch *(oy[ch])*

i	ee as in feed
o	oh as in boat
ö	ew as in blue
u	oo as in coo
ü	like the oo in cool

Consonants

b	as in bean: Boot *(boht)*
ch	like the "ch" in loch (as in Loch Ness)
d	as the d in day
f	as in fox: Feuer *(FOY-er)*
g	as in guy: Geist *(guyst)*
h	as in hay: hallo *(HALL-oh)*
j	pronounced like the "y" as in yes: Ja *(yahh)*
k	as in English: Kilometer *(KEE-lo-may-ter)*
l	as in English: links
m	as in English: Mai *(my)*
n	as in English: nein *(nine)*
p	as in English: Pass *(pahs)*
q	qu is pronounced as kv: Quittung *(KVih-toong)*
r	as in English but more rolled: rot *(rote)*
s	at the beginning of words (followed by a vowel) pronounced as z; in the middle and at or near the end of words as in English: selbst *(ZELpst)*
st, sch	like the "sh" in shoe: Stein (*shtine*); Schule (*SHOO-la*)
ß	like English "s": Straße *(SHTRAH-sseh)*
t	as in English: Tee *(tay)*
v	like the "f" in fox, but more explosive: verwirrt *(fehr-VIRRT)*
w	like the "v" in vase: weiss *(vice)*
x	like English x: extra *(EX-tra)*
z	like "ts" or the "zz" in pizza: Zoo *(tsoh)*

WORD PRONUNCIATION

Syllables in words are also accented in a standard pattern. Generally, in words with two syllables the first syllable is stressed. For longer words, an accent mark is shown to indicate the stress.

Ending in -ieren

studieren *shtoo-DEE-ren*

Loan word

Computer *com-PEW-ter*

Compound adjective with hin, her, da or wo

damit *da-MIT*

GENDER, ADJECTIVES, MODIFIERS

Each noun takes a masculine, feminine or neutral gender and is most often accompanied by a masculine, feminine or neutral definite article, like the English "the" (*der*, *die* or *das*), or by an indefinite article, like the English "a" or "an" (*ein* or *eine*). Definite articles ("the"), indefinite articles ("a," "an"), and related adjectives change their endings depending on whether they are the subject, direct or indirect object, or possessive. For example, "*Ich bin ein Mann*" (I am a man) becomes "*Ich sehe einen Mann*" (I see a man) because "Mann" is the subject of the first sentence and the direct object of the second. (What is being seen? The man.)

The Definite Article ("the")

	Masculine	Feminine	Neutral
Singular	*der* Hund (the dog)	*die* Katze (the cat)	*das* Tier (the animal)
Plural	*die* Hunde (the dogs)	*die* Katzen (the cats)	*die* Tiere (the animals)

The Indefinite Article ("a" or "an")

	Masculine	Feminine	Neutral
Singular	*ein* Hund (a dog)	*eine* Katze (a cat)	*ein* Tier (an animal)

PERSONAL PRONOUNS

	LIEBEN: "to love"	
I love.	***Ich* liebe.**	**LEE-beh**
You (singular familiar) **love.**	***Du* liebst.**	**leebst**
He / She / It loves. You (singular formal) **love.**	***Er / Sie / Es* liebt. Sie lieben.**	**leebt / LEE-ben**
We love.	***Wir* lieben.**	**LEE-ben**
You (plural familiar) **love.**	***Ihr* liebt.**	**leebt**
They / You (plural formal) **love.**	***Sie / Sie* lieben.**	**LEE-ben**

Hey, you!

German has two words for "you"— *du*, spoken among friends and familiars, and *Sie*, used among strangers or as a sign of respect toward authority figures. When speaking with a stranger, expect to use *Sie*, unless you are invited to do otherwise. The second-person familiar plural form (*ihr*) is used among friends and family. The second-person formal plural is the same as the second-person formal singular: *Sie*. Both the singular and plural forms of the second-person formal are always written with an upper-case S: "*Sie*."

REGULAR VERB CONJUGATIONS

Most German verbs end in "-en" (*lieben, gehen, kommen, etc.*). To conjugate the present tense of regular verbs, drop the -en and add the following endings:

Present Tense

Regular verbs	GEHEN "to go"	
I go.	**Ich gehe.**	**GHEH-heh**
You (singular familiar) **go.**	**Du geh*st*.**	**ghehst**
He / She / It goes.	**Er / Sie (singular feminine) / Es geh*t*.**	**gheht**
You (singular formal) **go.**	**Sie (singular formal) geh*en*.**	**GHEH-hen**
We go.	**Wir geh*en*.**	**GHEH-hen**
You (plural familiar) **go.**	**Sie geh*en*.**	**GHEH-hen**
They / You (plural formal) **go.**	**Sie / Sie geh*en*.**	**GHEH-hen**

Simple Past Tense

These are the simple past tense conjugations for regular verbs.

Regular verbs	LIEBEN "To Live"	
I lived.	**Ich lebte.**	**LEHB-te**
You (singular familiar) **lived.**	**Du lebt*est*.**	**LAYb-test**
He / She / It lived.	**Er / Sie / Es lebte.**	**LAYb-tah**
You lived. (singular formal)	**Sie lebt*en*.**	**LAYb-tahn**
We lived.	**Wir lebt*en*.**	**LAYb-ten**
You (plural familiar) **lived.**	**Ihr lebt*et*.**	**LAYb-tet**
They / You (plural formal) **lived.**	**Sie / Sie lebt*en*.**	**LAYb-ten**

The Future

For novice German speakers, the easiest way to express the future is to conjugate the verb WERDEN (to go) + any infinitive ("I am going to speak", "you are going to speak", etc.).

I am going to speak.	**Ich *werde* reden.**	**VER-de**
You (singular familiar) **are going to speak.**	**Du *wirst* reden.**	**Virrst**
He / She / It is going to speak.	**Er / Sie / Es *wird* reden.**	**Virrd**
You (singular formal) **are going to speak.**	**Sie *werden* reden.**	**Verr-den**
We are going to speak.	**Wir *werden* reden.**	**Verr-den**
You (plural familiar) **are going to speak.**	**Ihr *werdet* reden.**	**Verr-det**
They / You (plural formal) **are going to speak.**	**Sie / Sie *werden* reden.**	**Vehrr-den**

TO BE OR NOT TO BE (SEIN)

The German verb for "to be," SEIN, is irregular. It is conjugated as follows:

Present Tense

SEIN "To Be"

I am.	Ich *bin.*	bin
You (singular, familiar) are.	Du *bist.*	bist
He / She / It is.	Er / Sie / Es *ist.*	ist
You (singular formal) are.	Sie sind.	zint
We are.	Wir *sind.*	zint
You (plural familiar) are.	Ihr *seid.*	zeit
They / You (plural formal) are.	Sie *sind.*	zint

Simple Past Tense

SEIN "To Be"

I was.	Ich *war.*	vahr
You were.	Du *warst.*	vahrst
He / She / It was.	Er / Sie / Es *war*	vahr
You (formal) were.	Sie *waren.*	VAHR-en
We were.	Wir *waren.*	VAHR-en
You were.	Ihr *wart.*	vahrt
They / You (plural formal) were.	Sie *waren.*	VAHR-en

IRREGULAR VERBS

German has numerous irregular verbs that stray from the standard -EN conjugations. Rather than bog you down with too much grammar, we're providing the present tense conjugations for the most commonly used irregular verbs.

HABEN "To Have"

I have.	**Ich *habe*.**	**HAH-beh**
You (singular familiar) **have.**	**Du *hast*.**	**hahsst**
He / She / It has.	**Er / Sie / Es *hat*.**	**haht**
You (singular formal) **have.**	**Sie *haben*.**	**HAH-ben**
We have.	**Wir *haben*.**	**HAH-ben**
You (plural familiar) **have.**	**Ihr *habt*.**	**hahbt**
They / You (plural formal) **have.**	**Sie / Sie *haben*.**	**HAH-ben**

Haben

Haben means "to have," but it's also used to describe conditions such as hunger and thirst. For example:
Ich habe Hunger. I'm hungry.
(Literally: I have hunger.)
Ich habe Durst. I'm thirsty.
(Literally: I have thirst.)

SPRECHEN "To Speak, To Talk"

I speak.	Ich spreche.	SHPRE[CH]-eh
You (singular familiar) speak.	Du sprich*st*.	shpri[ch]st
He / She / It speaks.	Er / Sie / Es sprich*t*.	shpri[ch]t
You (singular formal) speak.	Sie sprech*en*.	SHPRE[CH]-en
We speak.	Wir sprech*en*.	SHPRE[CH]-en
You (plural familiar) speak.	Ihr sprech*t*.	shpre[ch]t
They / You (plural formal) speak.	Sie / Sie sprech*en*.	SHPRE[CH]-en

WOLLEN "To Want"

I want.	Ich will.	vill
You (singular familiar) want.	Du will*st*.	villsst
He / She / It wants.	Er / Sie / Es will.	vill
You (singular formal) want.	Sie woll*en*.	VOHLL-en
We want.	Wir woll*en*.	VOHLL-en
You (plural familiar) want.	Ihr woll*t*.	vohllt
They / You plural formal) want.	Sie / Sie woll*en*.	VOHLL-en

KOENNEN "To Be Able"

I can.	**Ich kann.**	**KHANN**
You (singular familiar) **can.**	**Du kann*st*.**	**khannst**
He / She / It can.	**Er / Sie / Es kann.**	**khann**
You (singular formal) **can.**	**Sie können.**	**KH[OE]NN-en**
We can.	**Wir können.**	**KH[OE]NN-en**
You (plural familiar) **can.**	**Ihr könnt.**	**kh[oe]nnt**
They / You (plural formal) **can.**	**Sie / Sie können.**	**KH[OE]NN-en**

KENNEN vs. WISSEN: There are two ways to say "To Know" in German: *kennen* and *wissen*. *Kennen* is to know someone or something, while *wissen* is to know a fact. For example, "*Ich kenne Peter.*" (I know Peter.) BUT "*Ich weiß, wo das Restaurant ist.*" (I know where the restaurant is.)

KENNEN "To Know" (someone)

I know.	**Ich kenne.**	**KHENN-eh**
You (singular familiar) **know.**	**Du kenn*st*.**	**khennst**
He / She / It knows.	**Er / Sie / Es kennt.**	**khennt**
You (singular formal) **know.**	**Sie kennen.**	**KHENN-en**
We know.	**Wir kennen.**	**KHENN-en**
You (plural familiar) **know.**	**Ihr kennt.**	**khennt**
They / You (plural formal) **know.**	**Sie / Sie kennen.**	**KHENN-en**

WISSEN "To Know" (something)

I know.	**Ich weiß.**	**vice**
You (singular familiar) **know.**	**Du weiß*t*.**	**vyesst**
He / She / It knows.	**Er / Sie / Es weiß.**	**vice**
You (singular formal) **know.**	**Sie wiss*en*.**	**VISS-en**
We know.	**Wir wiss*en*.**	**VISS-en**
You (plural familiar) **know.**	**Ihr wiss*t*.**	**visst**
They / You (plural formal) **know.**	**Sie / Sie wiss*en*.**	**VISS-en**

Stem-changing Verbs

Some irregular verbs change their stem in addition to their ending. For example:

ESSEN (To Eat)
Ich esse (I eat)
Du isst (You eat)
Er / Sie / Es isst (He / She / It eats)
Wir essen (We eat)
Ihr esst (You eat) (informal)
Sie / Sie essen (You eat / They eat) (formal / pl.)

Notice that the stem only changes in the first three conjugations (I, you, and he/she/it). All of the plural forms are conjugated like regular verbs by adding the correct ending to the stem.

Gefallen

To say you like something, use the verb *gefallen*. *Gefallen* is different from other verbs because the person doing the liking is the subject of the sentence, not the object. For example, to say you like music, you would say:

Mir gefällt Musik. I like music.
(Literally: Music is pleasing to me.)

When what is liked is plural, the verb is plural:

Mir gefallen die Blumen. I like the flowers.
(Literally: The flowers are pleasing to me.)

The person doing the liking is represented by an indirect object pronoun placed in front of the verb, as illustrated below. Remember, gefallen can only be conjugated in two ways: *gefällt* (for singular things that are liked) and *gefallen* (for plural things that are liked). The pronoun changes to reflect who is doing the liking.

GEFALLEN "To Like"

I like Germany.	***Mir* gefällt Deutschland.**	**geh-FELT**
You (informal singular) **like Germany.**	***Dir* gefällt Deutschland.**	**geh-FELT**
He / She/ It likes Germany.	***Ihm / Ihr / Ihm* gefällt Deutschland.**	**geh-FELT**
You (formal singular) **like Germany.**	***Ihnen* gefällt Deutschland.**	**geh-FELT**
We like Germany.	***Uns* gefällt Deutschland.**	**geh-FELT**
You (informal plural) **like Germany.**	***Euch* gefällt Deutschland.**	**geh-FELT**
They / You (formal plural) **like Germany.**	***Ihnen* gefällt Deutschland.**	**geh-FELT**

REFLEXIVE VERBS

German has many reflexive verbs (when the subject and object both refer to the same person or thing). The following common verbs are used reflexively: *sich anziehen* (to get dressed, literally to dress oneself), *sich rasieren* (to shave, literally to shave oneself), *sich duschen* (to shower, literally to shower oneself), and *sich treffen* (to meet, literally to meet one another).

SICH ANZIEHEN "To Dress"

I get dressed.	**Ich ziehe mich an.**	**tsee-he mee[ch]UN**
You (singular familiar) **get dressed.**	**Du zieh*st* dich an.**	**tseeh-st di[ch] UN**
He / She / It gets dressed.	**Er / Sie / Es zieh*t* sich an.**	**tseet si[ch] UN**
You (singular formal) **get dressed.**	**Sie zieh*en* sich an.**	**tsee-hen si[ch] UN**
We get dressed.	**Wir zieh*en* -uns an.**	***tsee-hen oonns UN***
You (plural familiar) **get dressed.**	**Ihr zieh*t* euch an.**	***tseet oy[ch] UN***
They / You (plural formal) **get dressed.**	**Sie / Sie zieh*en* sich an.**	**tsee-hen si[ch] UN**

CHAPTER TWO

GETTING THERE & GETTING AROUND

This section deals with every form of transportation. Whether you've just reached your destination by plane or you're renting a car to tour the countryside, you'll find the phrases you need in the next 30 pages.

AT THE AIRPORT

I am looking for ____	**Ich suche ____** *Ee[ch] su[ch]e ____*
a porter.	**einen Träger für mein Gepäck.** *eye-nen tr[ae]ger f[ue]r mine ghe-P[AE]CK.*
the check-in counter.	**den Abfertigungsschalter.** *dehn AB-fertigungs-shahlter.*
the ticket counter.	**den Kartenschalter.** *dehn KAHRR-ten-shahlter.*
arrivals.	**den Ankunftsbereich.** *dehn AN-kunfts-beh-rei[ch].*
departures.	**den Abreisebereich.** *dehn AB-rise-eh-beh-rei[ch].*
gate number ____.	**Gate ____.** *Gate ____.*

For full coverage of numbers, see p7.

the waiting area.	**den Wartebereich.** *dehn WARTEH-beh-rei[ch].*
the men's restroom.	**die Herrentoilette.** *dee hair-renn-toi-LET-teh.*
the women's restroom.	**die Damentoilette.** *dee dah-menn-toi-LET-teh.*
the police station.	**die Polizeidienststelle.** *dee poli-TSAI-deenst-shtelle.*
a security guard.	**einen Sicherheitsbeamten.** *eye-nen SI[CH]ER-heights-beh-ahmten.*

the smoking area.
den Raucherbereich.
dehn RAU[CH]-er-beh-rei[ch].

the information booth.
den Informationsstand.
dehn informahtsihons-stahnd.

a public telephone.
ein öffentliches Telefon.
aihn [oe]ffentli[ch]es tehleh-PHON.

an ATM.
einen Geldautomaten.
eye-nen GELD-auto-MAH-ten.

baggage claim.
die Gepäckausgabe.
dee ghe-P[AE]CK-ousgah-beh.

a luggage cart.
einen Gepäckwagen.
eye-nen ghe-P[AE]CK-wah-ghen.

a currency exchange.
eine Geldwechselstube.
eye-neh GELD-whecksel-shtoobeh.

a café.
ein Café.
aihn kaff-EHH.

a restaurant.
ein Restaurant.
aihn restau-RONG.

a bar.
eine Bar.
eye-neh bar.

a bookstore or newsstand.
eine Buchhandlung oder einen Zeitungsstand.
eye-neh BOO[CH]-hahnd-lung ohdehr eye-nen TSITE-oongs-shtahnd.

a duty-free shop.
einen Duty-Free-Shop.
eye-nen duty-FREE shop.

Is there Internet access here?
Gibt es hier einen Internetzugang?
Gheebt as heer eye-nen INTERNET-tsoo-gahng?

I'd like to page someone.
Ich möchte jemanden ausrufen lassen.
Ee[ch] m[oe][ch]teh yeh-mahn-denn OUS-roofen lahssen.

Do you accept credit cards?
Akzeptieren Sie Kreditkarten?
Acktsep-TEEREN zee cre-DEET-kahrr-ten?

CHECKING IN

I would like a one-way ticket to ____.	**Ich hätte gern ein einfaches Ticket nach ____.** *Ee[ch] HAT-teh ghern aihn AIHN-fa[ch]es ticket nah[ch] ____.*
I would like a round trip ticket to ____.	**Ich hätte gern ein Ticket nach ____ inklusive Rückreise.** *Ee[ch] HAT-te ghern aihn AIHN-fa[ch]-as ticket nah[ch] ____ inclu-ZEE-veh R[UE]CK-rise-eh.*
How much are the tickets?	**Wie viel kosten die Tickets?** *Vee-feel costen dee tickets?*
Do you have anything less expensive?	**Haben Sie auch etwas Günstigeres im Angebot?** *Ha-ben zee au[ch] at-WAHS G[UE]NS-tee-gheh-res im ahn-ghe-BOHT?*
How long is the flight?	**Wie lange dauert der Flug?** *Vee lahng-eh dauert dehr floog?*
What time does flight ____ leave?	**Welche Abflugzeit hat Flug Nummer ____?** *VELL-[ch]eh UP-floog-tsite hut floog noommer ____?*
What time does flight ____ arrive?	**Welche Ankunftszeit hat Flug Nummer ____?** *VELL-[ch]eh UN-koonfts-tsite hut floog noommer ____?*
Do I have a connecting flight?	**Gibt es einen Anschlussflug?** *Gheebt as eye-nen AN-shluss-floog?*
Do I need to change planes?	**Muss ich umsteigen?** *Muhss ee[ch] UM-shteye-ghenn?*
My flight leaves at __:__.	**Mein Flug geht um __:__ Uhr.** *Mine floog gheht oomm __:__ oor.*

For full coverage of numbers, see p7.
For full coverage of time, see p11.

Common Airport Signs

Ankunft	Arrivals
Abreise	Departures
Terminal	Terminal
Gate	Gate
Tickets	Ticketing
Zoll	Customs
Gepäckausgabe	Baggage Claim
Drücken	Push
Ziehen	Pull
Rauchen verboten	No Smoking
Eingang	Entrance
Ausgang	Exit
Herren	Men's
Damen	Women's
Pendelbusse	Shuttle Buses
Taxis	Taxis

What time will the flight arrive?

Welche Ankunftszeit hat der Flug?
VELL-[ch]eh UN-koonfts-tsite hut dehr floog?

Is the flight on time?

Ist der Flug pünktlich?
Ist dehr floog P[UE]NKT-li[ch]?

Is the flight delayed?

Hat der Flug Verspätung?
Hut dehr floog fair-SP[AE]-toong?

From which terminal is flight ____ leaving?

Welches Abflugterminal hat Flug ____?
VELL-[ch]ess UP-floog-terminal hut floog ____?

From which gate is flight ____ leaving?

Welches Abfluggate hat Flug ____?
VELL-[ch]ess UP-floog-gate hut floog ____?

How much time do I need for check-in?

Wie lange dauert das Einchecken?
Vee lahng-eh douert dahs EYN-checken?

Is there an express check-in line?	**Gibt es einen schnelleren Check-In?** *Gheebt as eye-nen SHNELL-eren check-in?*
Is there electronic check-in?	**Gibt es einen elektronischen Check-In?** *Gheebt as eye-nen ehlec-TROH-nishen check-in?*

Seat Preferences

I would like ____ ticket(s) in ____	**Ich hätte gern ____ Ticket(s) in ____** *Ee[ch] HUT-te ghern ____ Ticket(s) in ____*
first class.	**der ersten Klasse.** *dehr AIR-sten klasseh.*
business class.	**Business-Klasse.** *business klasseh.*
economy class.	**Economy-Klasse.** *economy klasseh.*
I would like ____	**Geben Sie mir bitte einen ____** *Ghehben zee mere bit-eh eye-nen*
Please don't give me ____	**Geben Sie mir bitte keinen ____** *Ghehben zee mere bit-eh k-eye-nen ___*
a window seat.	**Fensterplatz.** *FAN-stir-plahts.*
an aisle seat.	**Gangplatz.** *GAHNG-plahts.*
an emergency exit row seat.	**Platz an einem Notausgang.** *plahts un eye-nem NOHT-ous-gahng.*
a bulkhead seat.	**Fensterplatz.** *FAN-stir-plahts.*
a seat by the restroom.	**Platz in der Nähe der Toiletten.** *plahts in dehr N[AE]-he dehr toi-LET-ten.*
a seat near the front.	**Platz im vorderen Teil.** *plahts im FOR-deren tile.*

a seat near the middle.
Platz im mittleren Teil.
plahts im MITT-leren tile.

a seat near the back.
Platz im hinteren Teil.
plahts im HIN-teren tile.

Is there a meal on the flight?
Gibt es Verpflegung während des Flugs?
Gheebt as fair-PFLEH-goong v[ae]h-rend des floogs?

I'd like to order ____
Ich hätte gern ____
Ee[ch] hut-te ghern ____

a vegetarian meal.
ein vegetarisches Essen.
aihn veh-gheh-TA-rishes essen.

a kosher meal.
ein koscheres Essen.
aihn KO-sheres essen.

a diabetic meal.
ein Essen für Diabetiker.
aihn essen f[ue]r dee-ah-BEH-ticker.

I am traveling to ____.
Ich bin auf dem Weg nach ____.
Ee[ch] bin ouf dehm vehg na[ch] ____.

I am coming from ____.
Ich komme gerade aus ____.
Ee[ch] com-me ghe-RA-de ous ____.

I arrived from ____.
Ich bin aus ____ angekommen.
Ee[ch] bin ous ____ UN-gheh-com-menn.

For full coverage of country terms, see English / German dictionary.

I'd like to change / cancel / confirm my reservation.
Ich möchte meine Reservierung ändern / stornieren / bestätigen.
Ee[ch] m[oe][ch]te mine-eh rehsehr-VEE-rung [ae]n-dern / shtor-NEE-ren / beh-ST[AE]H-ti-ghen.

I have ____ bags to check.
Ich habe ____ Taschen aufzugeben.
Ee[ch] hah-beh ____ tashen OUF-tsoo-GEH-ben.

For full coverage of numbers, see p7.

Passengers with Special Needs

Is that wheelchair accessible?
Ist dieser Rollstuhl frei?
Isst DEE-sehr ROLL-shtool frei?

May I have a wheelchair / walker please?
Könnte ich bitte einen Rollstuhl / eine Gehhilfe bekommen?
K[oe]nnte ee[ch] bit-eh eye-nen ROLL-shtool / eye-neh GHEH-hilfeh beh-COM-men?

I need some assistance boarding.
Ich benötige Hilfe beim Einsteigen.
Ee[ch] beh-N[OE]-tiggeh HILL-feh buym AIHN-shty-ghen.

I need to bring my service dog.
Ich bin auf die Begleitung meines Blindenhundes angewiesen.
Ee[ch] bin ouf dee beh-GLEYE-toong minus BLIN-den-hoon-des un-gheh-VEE-sen.

Do you have services for the hearing impaired?
Haben Sie Angebote für Hörgeschädigte?
Hah-ben zee un-gheh-BOH-teh f[ue]r H[OE]R-gheh-SH[AE]H-digg-teh?

Do you have services for the visually impaired?
Haben Sie Angebote für Sehbehinderte?
Hah-ben zee un-gheh-BOH-teh f[ue]r SEH-behhinderteh?

Trouble at Check-In

How long is the delay?
Wie viel beträgt die Verspätung?
Vee feel beh-TR[AE]GT dee fair-SHP[AE]H-tung?

My flight was late.
Mein Flug hatte Verspätung.
Mine floog hut-eh fair-SHP[AE]H-tung.

I missed my flight.
Ich habe meinen Flug verpasst.
Ee[ch] hah-beh my-nen floog fair-PASSED.

When is the next flight?
Wann geht der nächste Flug?
Vann gheht dehr n[ae][ch]s-teh floog?

May I have a meal voucher? **Bekomme ich einen Essensgutschein?**
Beh-COM-meh ee[ch] eye-nen ESSENCE-goot-shine?

May I have a room voucher? **Bekomme ich einen Zimmergutschein?**
Beh-COM-meh ee[ch] eye-nen TSIMMER-goot-shine?

AT CUSTOMS / SECURITY CHECKPOINTS

I'm traveling with a group. **Ich bin Mitglied einer Reisegruppe.**
Ee[ch] bin mit-GLEED eye-ner RISE-EH-gruppeh.

I'm on my own. **Ich reise allein.**
Ee[ch] rise-eh ah-LINE.

I'm traveling on business. **Ich befinde mich auf Geschäftsreise.**
Ee[ch] beh-FINN-deh mi[ch] ouf gheh-SHAFTS-rise-eh.

I'm on vacation. **Ich mache Urlaub.**
Ee[ch] ma[ch]eh OOR-laub.

I have nothing to declare. **Ich habe nichts zu verzollen.**
Ee[ch] hah-beh ni[ch]ts tsoo fair-TSOLLEN.

I would like to declare ____. **Ich habe ____ zu verzollen.**
Ee[ch] hah-beh ____ tsoo fair-TSOLLEN.

I have some liquor. **Ich habe etwas Alkohol dabei.**
Ee[ch] hah-beh AT-vahs alkohol dah-BY.

I have some cigars. **Ich habe ein paar Zigarren dabei.**
Ee[ch] hah-beh aihn pahr tsi-GARREN dah-BY.

They are gifts. **Das sind Geschenke.**
Dahs sind gheh-SHENK-eh.

They are for personal use. **Sie sind für den Privatgebrauch.**
Zee sind f[ue]r dehn pree-VAAT-gheh-brau[ch].

That is my medicine.

Das ist meine Medizin.
Dahs isst my-neh mehdi-TSIHN.

I have my prescription.

Ich habe ein Rezept.
Ee[ch] hah-beh aihn reh-TSEPT.

My children are traveling on the same passport.

Meine Kinder reisen mit demselben Ausweis.
My-neh KIN-der rise-en mit dehm selben OUS-vise.

I'd like a male / female officer to conduct the search.

Ich hätte gern, dass die Durchsuchung von einem Mann / einer Frau durchgeführt wird.
Ee[ch] hat-teh ghern, dahss dee dur[ch]-SUH-[ch]ung fonn eye-nem mahnn / eye-ner frau dur[ch]-gheh-F[UE]HRT wird.

Trouble at Security

Help me. I've lost ____

Könnten Sie mir bitte helfen? Ich habe ____
K[oe]nnten zee mere bit-eh HELL-fen? Ee[ch] hah-beh ____

my passport.

meinen Ausweis verloren.
my-nen OUS-vise fer-LOH-ren.

my boarding pass.

meine Bordkarte verloren.
my-ne BORT-kahrr-teh fer-LOH-ren.

my identification.

meine Papiere verloren.
my-ne pa-PEE-reh fer-LOH-ren.

my wallet.

meine Geldbörse verloren.
my-ne GELD-b[oe]rseh fer-LOH-ren.

my purse.

meine Handtasche verloren.
my-ne HAHND-tasheh fer-LOH-ren.

Someone stole my purse / wallet!

Jemand hat meine Handtasche / meine Geldbörse gestohlen!
YEH-mahnd hut my-ne HANHD-tasheh / my-ne GELD-b[oe]rseh gheh-SHTOH-len!

Listen Up: Security Lingo

Bitte ziehen Sie Ihre Schuhe aus.	Please remove your shoes.
Ziehen Sie Ihre Jacke aus.	Remove your jacket / sweater.
Legen Sie Ihren Schmuck ab.	Remove your jewelry.
Legen Sie Ihre Taschen auf das Band.	Place your bags on the conveyor belt.
Treten Sie zur Seite.	Step to the side.
Wir müssen Sie abtasten.	We have to do a hand search.

IN-FLIGHT

It's unlikely you'll need much German on the plane, but these phrases will help if a bilingual flight attendant is unavailable or if you need to talk to a German-speaking neighbor.

I think that's my seat.	**Ich glaube, das ist mein Platz.** *Ee[ch] GLAU-beh, das isst MINE plahts.*
May I have ____	**Ich hätte gern ____** *Ee[ch] hat-eh ghern ____*
water?	**ein stilles Wasser.** *aihn shtilles vahsser.*
sparkling water?	**ein Wasser mit Kohlensäure.** *aihn vahsser mit COHLEN-soi-reh.*
orange juice?	**einen Orangensaft.** *eye-nen oh-RUNSHEHN-saft.*
soda?	**eine Limonade.** *eye-ne limo-NAH-deh.*
diet soda?	**eine Diätlimonade.** *eye-ne dee-ATE-limo-NAH-deh.*
a beer?	**ein Bier.** *aihn beer.*
wine?	**ein Glas Wein.** *aihn glahs vine.*

For a complete list of drinks, see p80.

a pillow?	**ein Kissen.** *aihn KISS-en.*
a blanket?	**eine Decke.** *eye-ne DECK-eh.*
a hand wipe?	**ein Tuch für die Hände.** *aihn tuh[ch] f[ue]r dee H[AE]N-deh.*
headphones?	**Kopfhörer.** *KOPF-h[oe]rer.*
a magazine or newspaper?	**eine Zeitschrift oder eine Zeitung.** *eye-ne TSAIT-shrift ohdehr eye-ne TSAI-toong.*
When will the meal be served?	**Wann wird das Essen serviert?** *Vann vird dahs ESSEN sehr-VEERT?*
How long until we land?	**Wie lange noch bis zur Landung?** *Vee lahng-he no[ch] bis tsoor LANN-doong?*
May I move to another seat?	**Dürfte ich mich bitte woanders hinsetzen?** *D[ue]rfte ee[ch] mi[ch] bit-eh wo-AHNN-ders HIN-settsen?*
How do I turn the light on / off?	**Wie kann ich das Licht einschalten / ausschalten?** *Vee kann ee[ch] dahs li[cht] AIHN-shahllten / OUS-shahllten?*

Trouble In-Flight

These headphones are broken.	**Dieser Kopfhörer funktioniert nicht.** *DEE-sehr KOPF-h[oe]rer funktsio-NEERT ni[ch]t.*
I spilled.	**Ich habe etwas verschüttet.** *Ee[ch] hah-beh AT-vas fair-SH[UE]T-tet.*
My child spilled.	**Mein Kind hat etwas verschüttet.** *Mine kinnd hut AT-vahs fair-SH[UE]T-tet.*

My child is sick.
Meinem Kind ist schlecht.
Mine-m kinnd isst shle[ch]t.

I need an airsickness bag.
Ich brauche eine Spucktüte.
Ee[ch] BRAU-[ch]eh eye-ne SHPUCK-t[ue]teh.

I smell something strange.
Hier riecht etwas seltsam.
Hear REE[CH]T at-vahs SELLT-sahm.

That passenger is behaving suspiciously.
Dieser Passagier verhält sich verdächtig.
Dee-sehr passa-SHEER fair-H[AE]LT si[ch] fair-D[AE][CH]-tig.

BAGGAGE CLAIM

Where is baggage claim for flight ____?
Wo finde ich die Gepäckausgabe für Flug ____?
Voh fin-de ee[ch] dee ghe-P[AE]CK-ousgahbeh f[ue]r floog ____?

Would you please help with my bags?
Könnten Sie mir bitte mit meinem Gepäck behilflich sein?
K[oe]nn-ten zee mere bit-eh mit mine-em ghe-P[AE]CK beh-HILLF-li[ch] sine?

I am missing ____ bags.
Mir fehlen ____ Taschen.
Mere FEH-lenn ____ tashen.

For full coverage of numbers, see p7.

My bag is ____
Meine Tasche ____
My-neh tasheh ____

lost.
ist verschwunden.
isst fair-SHWOON-den.

damaged.
wurde beschädigt.
voor-deh beh-SH[AE]H-diggt.

stolen.
wurde gestohlen.
voor-deh gheh-SHTOH-len.

a suitcase.
ist ein Koffer.
isst aihn COUGH-er.

a briefcase.
ist ein Aktenkoffer.
isst aihn ACKTEN-cough-er.

a carry-on. **ist eine Tragetasche.**
isst eye-ne TRAH-gheh-tasheh.

a suit bag. **ist ein Kleidersack.**
isst aihn kl-EYE-dehr-sahck.

a trunk. **ist ein Schrankkoffer.**
isst aihn SHRANK-cough-er.

golf clubs. **sind Golfschläger.**
sinnd GOLF-shl[ae]h-gher.

For full coverage of color terms, see English / German Dictionary.

hard. **ist hart.**
isst harrt.

made out of ____ **ist aus ____**
isst ous ____

canvas. **Stoff.**
shtoff.

vinyl. **Vinyl.**
vee-N[UE]HL.

leather. **Leder.**
LEH-der.

hard plastic. **Hartplastik.**
HARRT-plahstick.

aluminum. **Aluminium.**
ahlu-MIH-nium.

RENTING A VEHICLE

Is there a car rental agency in the airport? **Gibt es am Flughafen eine Autovermietung?**
Gheebt as ahm FLOOG-hahfen eye-ne OUTOH-fair-meetung?

I have a reservation. **Ich habe eine Reservierung.**
Ee[ch] hah-beh eye-ne reh-sehr-VEE-rung.

Vehicle Preferences

I would like to rent ____ **Ich möchte gern ____ mieten.**
Ee[ch] m[oe][ch]-te ghern ____ meeten.

an economy car.	**ein sparsames Auto** *aihn SHPAHR-summes outoh*
a midsize car.	**einen Mittelklassewagen** *eye-nen MITTEL-clahsseh-wahghen*
a sedan.	**eine Limousine** *eye-ne limo-SEENEH*
a convertible.	**ein Cabrio** *aihn CAAH-bree-oh*
a van.	**einen Van** *eye-nen van*
a sports car.	**einen Sportwagen** *eye-nen SHPORT-wahghen*
a 4-wheel-drive vehicle.	**ein Auto mit Vierradantrieb** *aihn outoh mit FEAR-rahd-antreeb*
a motorcycle.	**ein Motorrad** *aihn moh-TO-rahd*
a scooter.	**einen Roller** *eye-nen roller*
Do you have one with ____	**Ist ein Fahrzeug mit ____ verfügbar?** *Isst aihn FAAR-tsoig mit ____ fair-F[UE]G-bahr?*
air conditioning?	**Klimaanlage** *CLEE-mah-un-lahgheh*
a sunroof?	**Sonnendach** *SONNEN-da[ch]*
a CD player?	**CD-Player** *TSEH-DEH player*
satellite radio?	**Satellitenradio** *sattel-ITTEN-rah-dee-oh*
satellite tracking?	**Navigationssystem** *nah-vee-ghah-TSEEONS-sys-tehm*
an onboard map?	**Straßenatlas** *SHTRAHSSEN-aht-lahss*

a DVD player?	**DVD-Player** *DHE-FOUH-DEH player*
child seats?	**Kindersitzen** *KIN-dehr-sitsen*
Do you have a ____	**Haben Sie ein ____** *Hah-ben zee aihn ____*
smaller car?	**kleineres Auto?** *CLYE-neres outoh?*
bigger car?	**größeres Auto?** *gr[oe]ceres outoh?*
cheaper car?	**günstigeres Auto?** *GH[UE]N-stee-gheres outoh?*
Do you have a non-smoking car?	**Haben Sie ein Nichtraucherauto?** *Hah-ben zee aihn NI[CH]T-rau-[ch]er-outoh?*
I need an automatic transmission.	**Ich hätte gern ein Automatikgetriebe.** *Ee[ch] hut-teh ghern aihn outoh-MAH-tik-ghe-treebeh.*
A standard transmission is okay.	**Schaltgetriebe ist in Ordnung.** *Shallt-ghe-treebeh isst in ORD-noong.*
May I have an upgrade?	**Könnte ich bitte eine höhere Kategorie bekommen?** *K[oe]nn-te ee[ch] bit-eh eye-ne h[oe]her-eh kahte-gho-REE beh-COM-men?*

Money Matters

What's the daily / weekly / monthly rate?	**Wie hoch sind die Kosten pro Tag / Woche / Monat?** *Vee hoh[ch] sind dee COS-ten proh tahg / wo[ch]eh / MOH-naht?*
What is the mileage rate?	**Wie hoch sind die Kosten pro Kilometer?** *Vee hoh[ch] sind dee COS-ten proh KILO-mehter?*

How much is insurance?
Wie viel kostet die Versicherung?
Vee feel costet dee fair-SI[CH]E-roong?

Are there other fees?
Fallen weitere Kosten an?
Fahllen VYE-tereh COS-ten un?

Is there a weekend rate?
Gibt es einen Wochenendtarif?
Gheebt as eye-nen WO-[ch]en-end-ta-REEF?

Technical Questions

What kind of fuel does it take?
Welche Kraftstoffart muss ich verwenden?
Vell-[ch]e KRAFFT-shtoff-art muss ee[ch] fair-VENN-denn?

Do you have the manual in English?
Haben Sie ein englisches Handbuch?
Hah-ben zee aihn ENG-lishes hahnd-boo[ch]?

Do you have a booklet in English with the local traffic laws?
Haben Sie eine englische Broschüre mit den örtlichen Verkehrsregeln?
Hah-ben zee eye-ne ENG-lisheh bro-SH[UE]-reh mit dehn [oe]rt-li-[ch]en fair-CARES-reh-gheln?

Technical Issues

Fill it up, please.
Volltanken, bitte.
FOLL-tunken, bit-eh.

It is already dented.
Das Fahrzeug ist bereits beschädigt.
Dahs FAAR-tsoig isst beh-raits beh-SH[AE]H-diggt.

It is scratched.
Das Fahrzeug hat einen Kratzer.
Dahs FAHR-tsoig hut eye-nen KRATT-ser.

The ____ doesn't work.	**Der / Die / Das ____ funktioniert nicht.** *Dehr / Dee / Dahs ____ funk-tsio-NEERT ni[ch]t.*

See diagram on p47 for car parts.

The tires look low.	**Die Reifen scheinen wenig Druck zu haben.** *Dee RYE-fan shy-nen wehnig droock tsoo hah-ben.*
It has a flat tire.	**Das Fahrzeug hat einen Platten.** *Dahs FAAR-tsoig hut eye-nen plahtten.*
Whom do I call for service?	**Wo kann ich anrufen, wenn ich Hilfe benötige?** *Voh kann ee[ch] UN-roofen, venn ee[ch] HILL-fe beh-N[OE]-tiggeh?*
It won't start.	**Der Motor springt nicht an.** *Dehr MO-tor shpringt ni[ch]t un.*
It's out of gas.	**Der Tank ist leer.** *Dehr tahnk isst lehr.*
The Check Engine light is on.	**Das Lämpchen für ein Problem mit dem Motor leuchtet.** *Dahs L[AE]MP-[ch]en f[ue]r aihn proh-BLEHM mit dehm MO-tor loy[ch]ted.*
The oil light is on.	**Das Öllämpchen leuchtet.** *Dahs [OE]HL-l[ae]mp-[ch]en loy[ch]ted.*
The brake light is on.	**Die Bremsleuchte leuchtet.** *Dee BREMS-loy[ch]teh loy[ch]ted.*
It runs rough.	**Das Fahrzeug läuft unruhig.** *Dahs FAAR-tsoig loyft OON-ruhig.*
The car is over-heating.	**Das Fahrzeug überhitzt.** *Dahs FAAR-tsoig [ue]ber-HITST.*

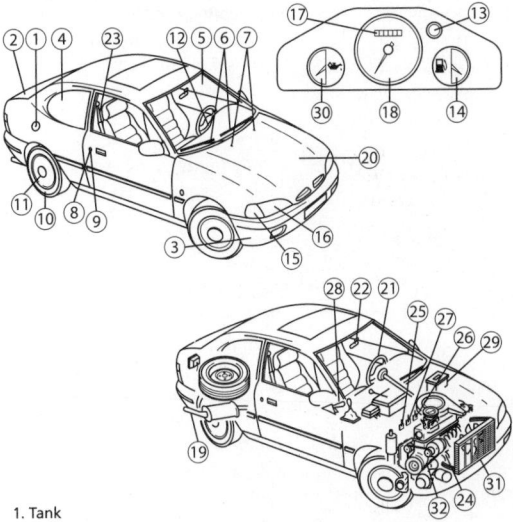

1. Tank
2. Kofferraum
3. Stoßstange
4. Fenster
5. Windschutzscheibe
6. Scheibenwischer
7. Scheibenwaschanlage
8. Tür
9. Schloss
10. Reifen
11. Radkappe
12. Lenkrad
13. Warnleuchte
14. Tankanzeige
15. Blinker
16. Scheinwerfer
17. Kilometerzähler
18. Tacho
19. Auspuff
20. Motorhaube
21. Lenkrad
22. Rückspiegel
23. Sicherheitsgurt
24. Motor
25. Gaspedal
26. Kupplung
27. Bremse
28. Handbremse
29. Batterie
30. Ölstandsanzeige
31. Kühler
32. Keilriemen

Asking for Directions

Excuse me, please.	**Verzeihung bitte.** *Fair-TSYE-hoong bit-eh.*
How do I get to ____?	**Wie komme ich zum ____?** *Vee COMM-eh ee[ch] tsoomm ____?*
Go straight.	**Gehen Sie geradeaus.** *Ghe-hen zee ghe-RA-deh ous.*
Turn left.	**Gehen Sie nach links.** *Ghe-hen zee na[ch] links.*
Continue right.	**Gehen Sie nach rechts.** *Ghe-hen zee na[ch] re[ch]ts.*
It's on the right.	**Das Ziel befindet sich auf der rechten Seite.** *Dahs tseel beh-FIN-det si[ch] ouf dehr RE[CH]-ten SYE-teh.*
Can you show me on the map?	**Könnten Sie mir das bitte auf der Karte zeigen?** *K[oe]nn-ten zee mere dahs bit-eh ouf dehr KAHRR-teh tsye-ghen?*
How far is it from here?	**Wie weit ist das von hier entfernt?** *Vee vye-t isst dahs fonn heer ent-FAIRNT?*
Is this the right road for ____?	**Ist das die Straße nach ____?** *Isst dahs dee shtrahseh na[ch] ____?*
I've lost my way.	**Ich habe mich verirrt.** *Ee[ch] hah-beh mi[ch] fair-IRRT.*
Would you repeat that?	**Könnten Sie das bitte wiederholen?** *K[oe]nn-ten zee dahs bit-eh veeder-HOH-len?*
Thanks for your help.	**Vielen Dank für Ihre Hilfe.** *FEEL-en dunk f[ue]r ee-reh HILL-feh.*

For full coverage of direction-related terms, see p5.

Road Signs

Geschwindigkeitsbegrenzung	Speed Limit
Stopp	Stop
Vorfahrt gewähren	Yield
Gefahr	Danger
Sackgasse	No Exit
Einbahnstraße	One Way
Einfahrt verboten	Do Not Enter
Straße gesperrt	Road Closed
Maut	Toll
Nur Bargeld	Cash Only
Parken verboten	No Parking
Parkgebühr	Parking Fee
Parkhaus	Parking Garage

Sorry, Officer

What is the speed limit?
Welche Geschwindigkeitsbegrenzung gilt hier?
Vell-[ch]eh ghe-SHWINN-digg-keits-beh-gren-tsoong guilt heer?

I wasn't going that fast.
So schnell bin ich nicht gefahren.
Soh shnell bin i[ch] ni[ch]t ghe-FAH-renn.

How much is the fine?
Wie hoch ist die Strafe?
Vee hoh[ch] isst dee SHTRA-fe?

Where do I pay the fine?
Wo muss ich die Strafe bezahlen?
Voh muhss i[ch] dee shtra-fe beh-ZAH-len?

Do I have to go to court?
Komme ich vor Gericht?
Com-me ee[ch] fohr ghe-RI[CH]T?

I had an accident.
Ich hatte einen Unfall.
Ee[ch] hut-eh eye-nen OON-fahll.

The other driver hit me.
Der andere Fahrer hat den Unfall verursacht.
Dehr un-dehreh FAH-rer hut dehn OON-fahll fair-OOR-sa[ch]t.

I'm at fault.	**Es war mein Fehler.** *Ess vahr MINE fehler.*

BY TAXI

Where is the taxi stand?	**Wo ist der Taxistand?** *Voh isst dehr TAHXEE-stahnd?*
Is there a limo / bus / van for my hotel?	**Fährt eine Limousine / ein Bus / ein Van zu meinem Hotel?** *F[ae]hrt eye-ne limo-SEENHE / aihn booss / aihn van tsoo my-nem ho-TELL?*
I need to get to ____.	**Bringen Sie mich bitte zum ____.** *Bring-hen zee mi[ch] bit-eh tsoom ____.*
How much will that cost?	**Wie viel wird das kosten?** *Vee feel vird dahs costen?*
How long will it take?	**Wie lange dauert die Fahrt?** *Vee lahng-eh douert dee fahrt?*
Can you take me / us to the train / bus station?	**Können Sie mich / uns bitte zum Bahnhof / Busbahnhof bringen?** *K[oe]n-nen zee mi[ch] / oons bit-eh tsoom BAHN-hohf / BOOSS-bahn-hohf bring-hen?*
I am in a hurry.	**Ich bin in Eile.** *Ee[ch] bin in AY-leh.*

Listen Up: Taxi Lingo

Steigen Sie ein!	Get in!
Lassen Sie Ihr Gepäck stehen. Ich kümmere mich darum.	Leave your luggage. I got it.
Das kostet sieben Euro pro Tasche.	It's seven Euros for each bag.
Wie viele Fahrgäste?	How many passengers?
Sind Sie in Eile?	Are you in a hurry?

Slow down.	**Fahren Sie bitte langsamer.** *Fah-ren zee bit-eh LAHNG-summer.*
Am I close enough to walk?	**Kann ich von hier aus zu Fuß gehen?** *Cahnn ee[ch] fonn heer ous tsoo FOOS ghe-hen?*
Let me out here.	**Lassen Sie mich hier bitte aussteigen.** *Lahssen zee mi[ch] heer bit-eh OUS-shtye-ghen.*
That's not the correct change.	**Das Wechselgeld stimmt leider nicht.** *Dahs VECK-sell-geld shtimmt lye-der ni[ch]t.*

BY TRAIN

How do I get to the train station?	**Wie komme ich zum Bahnhof?** *Vee COM-meh ee[ch] tsoom BAHN-hohf?*
Would you take me to the train station?	**Könnten Sie mich bitte zum Bahnhof bringen?** *K[oe]nn-ten zee mi[ch] bit-eh tsoom BAHN-hohf bring-hen?*
How long is the trip to ____?	**Wie lange dauert die Fahrt nach ____?** *Vee lahng-eh douert dee fahrt na[ch] ____?*
When is the next train?	**Wann geht der nächste Zug?** *Vahnn gheht dehr n[ae][ch]s-teh tsoog?*
Do you have a schedule / timetable?	**Haben Sie einen Fahrplan?** *Hah-ben zee eye-nen FAAR-plahn?*
Do I have to change trains?	**Muss ich umsteigen?** *Muhss ee[ch] OOMM-shtye-ghen?*
a one-way ticket	**ein einfaches Ticket** *aihn AIHN-fa-[ch]es ticket*

a round-trip ticket
ein Hin- und Rückreiseticket
aihn hin oonnd R[UE]CK-rise-eh-ticket

Which platform does it leave from?
Von welchem Gleis fährt der Zug ab?
Fonn vell-[ch]emm glise f[ae]hrt dehr tsoog ab?

Is there a bar car?
Gibt es einen Barwagen?
Gheebt as eye-nen BAR-vah-ghen?

Is there a dining car?
Gibt es einen Speisewagen?
Gheebt as eye-nen SHPY-seh-vah-ghen?

Which car is my seat in?
In welchem Wagen befindet sich mein Platz?
In VELL-[ch]em VAH-ghen beh-FIN-det si[ch] mine PLAHTS?

Is this seat taken?
Ist dieser Platz besetzt?
Isst DEE-sehr plahts beh-SETST?

Where is the next stop?
Wo ist der nächste Halt?
Voh isst dehr n[ae][ch]s-teh HALLT?

How many stops to ____?
Wie viele Haltestellen noch bis ____?
Vee fee-leh HALLT-teh-shtell-en noh[ch] biss ____?

What's the train number and destination?
Welche Zugnummer und welchen Zielort hat dieser Zug?
Vell-[ch]eh TSOOG-noommer oonnd vell-[ch]enn TSEEL-ort hut deeser tsoog?

BY BUS

How do I get to the bus station?
Wie komme ich zum Busbahnhof?
Vee COM-meh ee[ch] tsoom BOOSS-bahn-hohf?

Would you take me to the bus station?	**Könnten Sie mich bitte zum Busbahnhof bringen?** *K[oe]nn-ten zee mi[ch] bit-eh tsoom BOOSS-bahn-hohf bring-hen?*
May I have a bus schedule?	**Könnte ich bitte einen Busfahrplan bekommen?** *K[oe]nn-teh ee[ch] bit-eh eye-nen BOOSS-faar-plahn beh-COM-men?*
Which bus goes to ____?	**Welcher Bus fährt nach ____?** *Vell-[ch]er booss f[ae]hrt na[ch] ____?*
Where does it leave from?	**Von wo fährt er ab?** *Fonn VOH f[ae]hrt ehr ab?*
How long does the bus take?	**Wie lange dauert die Fahrt?** *Vee LAHNG-eh douert dee fahrt?*
How much is it?	**Wie viel kostet das?** *Vee feel COSS-tet dahs?*
Is there an express bus?	**Gibt es einen Expressbus?** *Gheebt as eye-nen ex-PRESS-booss?*
Does it make local stops?	**Hält der Bus unterwegs?** *H[ae]llt dehr booss oonter-VEHGS?*
Does it run at night?	**Fährt der Bus nachts?** *F[ae]hrt dehr booss NA[CH]TS?*
When does the next bus leave?	**Wann geht der nächste Bus?** *Vann gheht dehr n[ae][ch]s-teh BOOSS?*
a one-way ticket	**ein einfaches Ticket** *aihn AIHN-fa-[ch]es ticket*
a round-trip ticket	**ein Hin- und Rückreiseticket** *aihn hin oonnd R[UE]CK-rise-eh-ticket*
How long will the bus be stopped?	**Wie lange steht der Bus?** *Vee lahng-eh SHTEHT dehr booss?*
Is there an air conditioned bus?	**Gibt es einen klimatisierten Bus?** *Gheebt as eye-nen kleema-tee-SEER-ten booss?*

Is this seat taken?
Ist dieser Platz besetzt?
Isst DEE-sehr plahts beh-SETST?

Where is the next stop?
Wo ist der nächste Halt?
Voh isst dehr n[ae][ch]s-teh HALLT?

Please tell me when we reach ____.
Könnten Sie mir bitte sagen, wann wir ____ erreichen?
K[oe]nn-ten zee mere bit-eh SAH-ghen, vann veer ____ err-RYE-[ch]en?

Let me off here.
Lassen Sie mich hier bitte aussteigen.
Lahssen zee mi[ch] heer bit-eh OUS-shtye-ghen.

BY BOAT OR SHIP

Would you take me to the port?
Könnten Sie mich bitte zum Hafen bringen?
K[oe]nn-ten zee mi[ch] bit-eh tsoom HAH-fenn bring-hen?

When does the ship sail?
Wann legt das Schiff ab?
Vann lehgt dahs shiff ab?

How long is the trip?
Wie lange dauert die Reise?
Vee lahng-eh douert dee rise-eh?

Where are the life preservers?
Wo befinden sich die Schwimmwesten?
Voh beh-fin-den si[ch] dee SHVIMM-vess-ten?

I would like a private cabin.
Ich hätte gern eine Einzelkabine.
Ee[ch] h[ae]tteh ghern eye-ne AIHN-tsell-kah-beeneh.

Is the trip rough?
Ist mit hohem Seegang zu rechnen?
Isst mit HOH-hemm SEH-gahng tsoo re[ch]nen?

I feel seasick.
Ich bin seekrank.
Ee[ch] bin SEH-krahnk.

I need some seasick pills.	**Ich benötige Tabletten gegen Seekrankheit.** *Ee[ch] beh-N[OE]-tiggeh tah-BLETT-en ghe-ghen SEH-krahnk-height.*
Where is the bathroom?	**Wo finde ich die Toiletten?** *Voh fin-deh ee[ch] dee toi-LET-ten?*
Does the ship have a casino?	**Gibt es auf dem Schiff ein Casino?** *Gheebt as ouf dehm shiff aihn kah-ZEE-noh?*
Will the ship stop at ports along the way?	**Legt das Schiff unterwegs an?** *Lehggt dahs shiff oonter-vehggs AN?*

BY SUBWAY

Where's the subway station?	**Wo finde ich die U-Bahn-Haltestelle?** *Voh fin-deh ee[ch] dee OOH-bahn-hallt-eh-shtell-eh?*
Where can I buy a ticket?	**Wo kann ich ein Ticket kaufen?** *Voh cann ee[ch] aihn ticket COW-fehn?*
Could I have a map of the subway?	**Könnte ich bitte einen Plan des U-Bahn-Netzes bekommen?** *K[oe]nn-teh ee[ch] bit-eh eye-nen plahn dess OOH-bahn-netsess beh-COM-men?*
Which line should I take for ____?	**Welche Linie fährt nach ____?** *Vell-[ch]eh LEE-nee-eh f[ae]hrt nah[ch] ____?*
Is this the right line for ____?	**Ist das die Linie nach ____?** *Isst dahs dee LEE-nee-eh na[ch] ____?*
Which stop is it for ____?	**An welcher Haltestelle muss ich für ____ aussteigen?** *Un vell-[ch]er HALL-teh-shtell-eh muhss ee[ch] f[ue]r ____ OUS-shtye-ghen?*

SUBWAY TICKETS

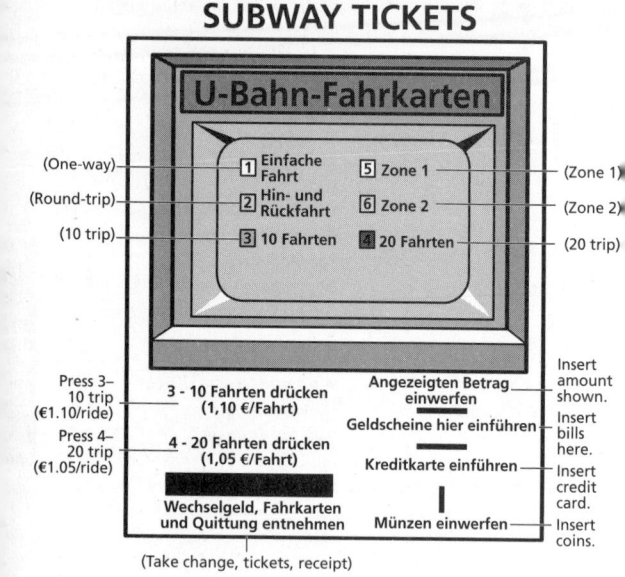

How many stops is it to ____?

Wie viele Haltestellen noch bis ____?
Vee feeleh HALL-teh-shtell-en noh[ch] biss ____?

Is the next stop ____?

Ist ____ die nächste Haltestelle?
Isst ____ dee n[ae][ch]s-teh HALL-teh-shtell-eh?

Where are we?

Wo befinden wir uns gerade?
Voh beh-FIN-denn veer oons ghe-RAH-deh?

Where do I change to ____?

Wo muss ich nach ____ umsteigen?
Voh muhss ee[ch] nah[ch] ____ OOMM-shtye-ghen?

What time is the last train to ____?	**Wann geht der letzte Zug nach ____?** *Vann gheht dehr LETS-teh tsoog nah[ch] ____?*

CONSIDERATIONS FOR TRAVELERS WITH SPECIAL NEEDS

Do you have wheelchair access?	**Ist der Zugang behindertengerecht?** *Isst dehr TSOO-gahng beh-HIN-dehr-ten-gheh-re[ch]t?*
Do you have elevators? Where?	**Gibt es Aufzüge? Wo?** *Gheebt as OUF-ts[ue]-gheh? Voh?*
Do you have ramps? Where?	**Haben Sie Rampen? Wo?** *Hah-ben zee RAHM-penn? Voh?*
Are the restrooms wheelchair accessible?	**Sind die Toiletten behindertengerecht?** *Sinnt dee toi-LET-ten beh-HIN-dehr-ten-gheh-re[ch]t?*
Do you have audio assistance for the hearing impaired?	**Haben Sie Audioinformationen für Hörgeschädigte?** *Hah-ben zee OU-dee-oh-informahtsiho-nen f[ue]r H[OE]R-gheh-sh[ae]-digg-teh?*
I am deaf.	**Ich bin taub.** *Ee[ch] bin TAUP.*
May I bring my service dog?	**Kann ich meinen Blindenhund mitnehmen?** *Kann ee[ch] my-nen BLIN-den-hoonnd mit-nehmen?*
I am blind.	**Ich bin blind.** *Ee[ch] bin BLINND.*
I need to charge my power chair.	**Ich muss meinen elektrisch betriebenen Rollstuhl aufladen.** *Ee[ch] muhss my-nen eh-LECK-trish beh-TREE-bennen ROLL-shtool ouf-lah-denn.*

CHAPTER THREE

LODGING

This chapter will help you find the right accommodations, at the right price, and the amenities you might need during your stay.

ROOM PREFERENCES

Please recommend ____	**Bitte empfehlen Sie mir ____** *Bit-eh em-PFEHH-len zee meer ____*
a clean hostel.	**eine saubere Jugendherberge.** *eye-ne SOU-beh-reh YOU-ghend-hair-bair-gheh.*
a moderately priced hotel.	**ein Hotel der mittleren Preiskategorie.** *aihn ho-TELL dehr MITT-leh-ren PRYES-kah-teh-gho-ree.*
a moderately priced B&B.	**eine Pension der mittleren Preiskategorie.** *eye-ne pen-SION dehr MITT-leh-ren PRYES-kah-teh-gho-ree.*
a good hotel / motel.	**ein gutes Hotel / Motel.** *aihn GOO-tess ho-TELL / mo-TELL.*
Does the hotel have ____	**Verfügt das Hotel über ____** *fair-F[UE]GHT dahs ho-TELL [ue]-behr ____*
a pool?	**einen Pool?** *eye-nen pool?*
a casino?	**ein Kasino?** *aihn kah-ZEE-noh?*
suites?	**Suiten?** *SWEE-ten?*

a balcony?	**einen Balkon?** *eye-nen bahll-COHN?*
a fitness center?	**ein Fitness-Center?** *aihn FIT-ness-center?*
a spa?	**ein Heilbad?** *aihn HYLE-bahd?*
a private beach?	**einen Privatstrand?** *eye-nen pree-VAHT-shtrahnd?*
a tennis court?	**einen Tennisplatz?** *eye-nen TENN-is-plahts?*
I would like a room for ____.	**Ich hätte gern ein Zimmer für ____.** *Ee[ch] hat-teh ghern aihn TSIM-mer f[ue]r ____.*

For full coverage of number terms, see p7.

I would like ____	**Ich hätte gern ____** *Ee[ch] hat-teh ghern ____*
a king-sized bed.	**ein breites Doppelbett.** *aihn brye-tess DOPPEL-bet.*
a double bed.	**ein Doppelbett.** *aihn DOPPEL-bet.*

Listen Up: Reservations Lingo

Wir haben nichts mehr frei. *Veer ha-ben ni[ch]ts mehr fraih.*	We have no vacancies.
Wie lange möchten Sie bleiben? *Vee lahng-he m[oe][ch]-ten zee BYLE-ben?*	How long will you be staying?
Raucher oder Nichtraucher? *RAU-[ch]er oh-dehr NI[CH]T-rau-[ch]er?*	Smoking or nonsmoking?

twin beds.	**zwei Betten.** *tswaih bet-ten.*
adjoining rooms.	**angrenzende Zimmer.** *AHN-grenn-tsenn-deh tsimmer.*
a smoking room.	**ein Raucherzimmer.** *aihn RAU-[ch]er-tsimmer.*
a non-smoking room.	**ein Nichtraucherzimmer.** *aihn NI[CH]T rau-[ch]er-tsimmer.*
a private bathroom.	**ein eigenes Bad.** *aihn EYE-ghenn-es bahd.*
a shower.	**eine Dusche.** *eye-ne DOO-sheh.*
a bathtub.	**eine Badewanne.** *eye-ne BAH-deh-vann-eh.*
air conditioning.	**eine Klimaanlage.** *eye-ne CLEE-mah-un-lahgheh.*
television.	**einen Fernseher.** *eye-nen FEHRN-sehh-her.*
cable.	**Kabelfernsehen.** *KAH-bell-fehrn-sehhn.*
satellite TV.	**Satellitenfernsehen.** *sattel-IT-ten-fehrn-sehhn.*
a telephone.	**ein Telefon.** *aihn tehleh-PHON.*
Internet access.	**einen Internetzugang.** *eye-nen IN-ternet-tsoo-gahng.*
high-speed Internet access.	**einen schnellen Internetzugang.** *eye-nen SHNELL-en IN-ternet-tsoo-gahng.*
a refrigerator.	**einen Kühlschrank.** *eye-nen K[UE]HL-shrahnnk.*
a beach view.	**Blick auf den Strand.** *blick ouf dehn SHTRAHND.*

a city view.
Blick auf die Stadt.
blick ouf dee SHTAHTT.

a kitchenette.
eine Kochnische.
eye-ne KO[CH]-nee-sheh.

a balcony.
einen Balkon.
eye-nen bahll-COHN.

a suite.
eine Suite.
eye-ne SWEET.

a penthouse.
ein Penthhaus.
aihn PENT-house.

I would like a room ____
Ich hätte gern ein Zimmer ____
Ee[ch] hat-teh ghern aihn tsimmer ____

on the ground floor.
im Erdgeschoß.
imm AIRD-gheh-shohhs.

near the elevator.
in Aufzugnähe.
inn OUF-tsoogh-n[ae]h-he.

near the stairs.
in der Nähe des Treppenhauses.
inn dher N[AE]-he dess TREP-penn-how-sess.

near the pool.
in Poolnähe.
inn POOL-n[ae]h-he.

away from the street.
das nicht in Richtung der Straße liegt.
dahs ni[ch]t inn RI[CH]-toonng der SHTRAH-se leeght.

I would like a corner room.
Ich hätte gern ein Eckzimmer.
Ee[ch] hat-eh ghern aihn EKK-tsimmer.

Do you have ____
Haben Sie ____?
Hah-ben zee ____?

a crib?
ein Kinderbett?
aihn KIN-dehr-bet?

a foldout bed?	**ein ausklappbares Bett?** *aihn OUS-klahpp-bah-rhes bet?*

FOR GUESTS WITH SPECIAL NEEDS

I need a room with ____	**Ich benötige ein Zimmer mit ____** *Ee[ch] beh-N[OE]-tiggeh aihn tsimmer mitt ____*
wheelchair access.	**Zugang per Rollstuhl.** *TSOO-ghang pair ROLL-shtool.*
services for the visually impaired.	**Hilfe für Sehbehinderte.** *HILL-feh f[ue]r SEH-behin-derteh.*
services for the hearing impaired.	**Hilfe für Hörgeschädigte.** *HILL-feh f[ue]r H[OE]R-gheh-sh[ae]-digg-teh.*
I am traveling with a service dog.	**Ich reise mit einem Blindenhund.** *Ee[ch] RYE-seh mitt eye-nem BLIN-den-hoonnd.*

MONEY MATTERS

I would like to make a reservation.	**Ich möchte reservieren.** *Ee[ch] m[oe][ch]-te reh-sehr-VEE-renn.*
How much per night?	**Wie viel pro Übernachtung?** *Vee-feel proh [ue]behr-NA[CH]-toong?*
Do you have a ____	**Bieten Sie ____** *BEE-ten zee ____*
weekly / monthly rate?	**einen Wochentarif / Monatstarif an?** *eye-nen VO-[ch]en-tah-reef / MO-nahts-tah-reef un?*
a weekend rate?	**einen Wochenendtarif an?** *eye-nen VO-[ch]enn-end-tah-reef un?*

We will be staying for ____ days / weeks.

Wir möchten ____ Tage / Wochen bleiben.
Veer m[eo][ch]-ten ____ TAH-gheh / VO-[ch]enn blye-ben.

For full coverage of number terms, see p7.

When is checkout time?

Wann wird ausgecheckt?
Vann vird OUS-gheh-checkt?

For full coverage of time-related terms, see p11.

Do you accept credit cards / travelers checks?

Akzeptieren Sie Kreditkarten / Reiseschecks?
Acktsep-TEEREN zee cre-DEET-kahrr-ten / RYE-seh-shecks?

May I see a room?

Kann ich mir ein Zimmer ansehen?
Kahnn ee[ch] mere aihn tsimmer UN-sehh-hen?

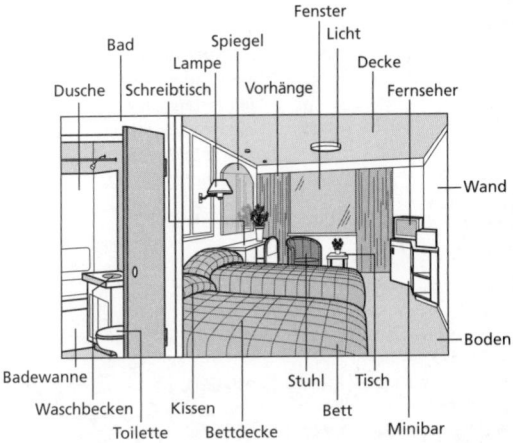

How much are taxes?

Wie viel Steuer muss ich bezahlen?
Vee feel shtoyer muss ee[ch] beh-TSAH-len?

Is there a service charge?

Gibt es eine Servicegebühr?
Gheebt as eye-ne SER-vis-ghe-b[ue]hr?

I'd like to speak with the manager.

Ich möchte den Manager sprechen.
Ee[ch] m[oe][ch]-te dehn MA-nager shpre-[ch]en.

IN-ROOM AMENITIES

I'd like ____

Ich möchte ____
Ee[ch] m[oe][ch]-te ____

to place an international call.

ein Auslandsgespräch führen.
aihn OUS-lahnds-gheh-shpr[ae][ch] f[ue]h-ren.

to place a long-distance call.

ein Ferngespräch führen.
aihn FEHRN-gheh-shpr[ae][ch] f[ue]h-ren.

directory assistance in English.

eine englischsprachige Telefonauskunft.
eye-ne ENG-lish-shprah[ch]igghe tehleh-PHON-ous-koonft.

Instructions for Dialing the Hotel Phone

Wählen Sie für einen Anruf auf einem anderen Zimmer die entsprechende Zimmernummer.	To call another room, dial the room number.
Wählen Sie für ein Ortsgespräch die 9 vor.	To make a local call, first dial 9.
Wählen Sie für einen Anruf bei der Vermittlung die 0.	To call the operator, dial 0.

room service. **den Zimmerservice.**
dehn TSIMMER-service.

maid service. **den Raumpflegedienst.**
dehn RAUHM-pfleh-ghe-deenst.

the front desk operator. **die Vermittlung an der Rezeption.**
dee fehr-MITT-loong un dehr reh-tsepp-tsee-OHN.

Do you have room service? **Haben Sie Zimmerservice?**
Hah-ben zee TSIMMER-service?

When is the kitchen open? **Ab wann ist die Küche geöffnet?**
Up vann isst dee k[ue][ch]e ghe-[OE]FF-net?

When is breakfast served? **Wann wird das Frühstück serviert?**
Vann vird dahs FR[UE]H-sht[ue]ck sehr-VEERT?

For full coverage of time-related terms, see p11.

Do you offer massages? **Bieten Sie Massagen an?**
Bee-ten zee ma-SSAH-shen un?

Do you have a lounge? **Haben Sie ein Foyer?**
Hah-ben zee aihn foy-YEH?

Do you have a business center? **Haben Sie ein Geschäftscenter?**
Hah-ben zee aihn gheh-SHAFTS-tsennt-senn-tehr?

Do you serve breakfast? **Gibt es bei Ihnen Frühstück?**
Gheebt as by eehnen FR[UE]H-sht[ue]ck?

Do you have Wi-Fi? **Haben Sie Wi-Fi?**
Hah-ben zee vee-fee?

May I have a newspaper in the morning? **Kann ich morgens bitte eine Zeitung bekommen?**
Khann ee[ch] MOR-ghens bit-eh eye-ne TSAI-toong beh-com-men?

Do you offer a tailor service?	**Haben Sie eine Schneiderei?** *Hah-ben zee eye-ne shnai-de-RYE?*
Do you offer laundry service?	**Haben Sie eine Wäscherei?** *Hah-ben zee eye-neh v[ae]-sheh-RYE?*
Do you offer dry cleaning?	**Haben Sie eine chemische Reinigung?** *Hah-ben zee eye-ne KHE-mi-sheh RYE-nee-goong?*
May we have ____	**Könnten wir bitte ____** *K[oe]nn-ten veer bit-eh ____*
clean sheets today?	**frische Bettwäsche bekommen?** *frisheh BET-v[ae]sheh beh-com-men?*
more towels?	**mehr Handtücher bekommen?** *mehr HAHND-t[ue]-[ch]er beh-com-men?*
more toilet paper?	**mehr Toilettenpapier bekommen?** *mehr toi-LET-ten-pah-peer beh-com-men?*
extra pillows?	**zusätzliche Kissen bekommen?** *TSOO-sats-lee-[ch]e kissen beh-com-men?*
Do you have an ice machine?	**Haben Sie eine Eismaschine?** *Hah-ben zee eye-ne ICE-mah-shee-ne?*
Did I receive any ____	**Haben Sie ____** *Hah-ben zee*
messages?	**Nachrichten für mich?** *NA[CH]-ree[ch]ten f[ue]r mee[ch]?*
mail?	**Post für mich?** *POSST f[ue]r mee[ch]?*

faxes?	**ein Fax für mich?** *aihn FAHCKS f[ue]r mee[ch]?*
A spare key, please.	**Geben Sie mir bitte einen Ersatzschlüssel.** *Ghehben zee mere bit-eh eye-nen air-SAHTTS-SHL[UE]SS-ell.*
More hangers please.	**Geben Sie mir bitte ein paar zusätzliche Kleiderbügel.** *Ghehben zee mere bit-eh aihn par TSOO-sats-lee-[ch]e KLYE-dehr-b[ue]-ghell.*
I am allergic to down pillows.	**Ich bin allergisch gegen Daunenkissen.** *Ee[ch] bin ah-LERR-ghish gheghen DOW-nen-kissen.*
I'd like a wake-up call.	**Ich hätte gern einen Weckruf.** *Ee[ch] hat-teh ghern eye-nen VECK-roof.*

For full coverage of time-related terms, see p11.

Do you have alarm clocks?	**Haben Sie Wecker?** *Hah-ben zee VECK-ehr?*
Is there a safe in the room?	**Verfügt das Zimmer über einen Tresor?** *Fair-f[ue]ght dahs tsimmer [ue]h-ber eye-nen treh-SOHR?*
Does the room have a hair dryer?	**Gibt es auf dem Zimmer einen Haartrockner?** *Gheebt as ouf dehm tsimmer eye-nen HAAR-trocknehr?*

HOTEL ROOM TROUBLE

May I speak with the manager?	**Könnte ich bitte den Manager sprechen?** *K[oe]nn-teh ee[ch] bit-eh dehn MA-nager spre-[ch]en?*

The ____ does not work.	**____ funktioniert nicht.** *____ funk-tsee-oh-NEERT ni[ch]t.*
television	**Der Fernseher** *Dehr FEHRN-sehh-her*
telephone	**Das Telefon** *Dahs tehleh-PHON*
air conditioning	**Die Klimaanlage** *Dee CLEE-mah-un-lahgheh*
Internet access	**Der Internetzugang** *Dehr IN-ternet-tsoo-gahng*
cable TV	**Das Kabelfernsehen** *Dahs KAH-bell-fehrn-sehhn*
There is no hot water.	**Es kommt kein warmes Wasser.** *As commt kyne varr-mes VAHSS-er.*
The toilet is over-flowing!	**Die Toilette läuft über!** *Dee toi-LET-teh loyft [ue]-ber!*
This room is ____	**Dieses Zimmer ist ____** *DEE-sess tsimmer isst ____*
too noisy.	**zu laut.** *tsoo lout.*
too cold.	**zu kalt.** *tsoo kahllt.*
too warm.	**zu warm.** *tsoo vaahrrm.*

This room has ____	**In diesem Zimmer gibt es ____** *In DEE-semm tsimmer gheebt as ____*
bugs.	**Ungeziefer.** *OOHN-gheh-tsee-fair.*
mice.	**Mäuse.** *MOY-seh.*
I'd like a different room.	**Ich möchte ein anderes Zimmer.** *Ee[ch] m[oe][ch]-te aihn UN-deh-res tsimmer.*
Do you have a bigger room?	**Haben Sie ein größeres Zimmer?** *Hah-ben zee aihn GR[OE]-ceres tsimmer?*
I locked myself out of my room.	**Ich habe mich aus meinem Zimmer ausgesperrt.** *Ee[ch] hah-be mi[ch] ous my-nem TSIMMER ous-gheh-shperrt.*
Do you have any fans?	**Haben Sie Ventilatoren?** *Hah-ben zee venn-tee-lah-TOH-renn?*
The sheets are not clean.	**Die Bettwäsche ist schmutzig.** *Dee BET-v[ae]sheh isst shmoottsig.*
The towels are not clean.	**Die Handtücher sind schmutzig.** *Dee HAHND-t[ue]-[ch]er sinnd shmoottsig.*
The room is not clean.	**Das Zimmer ist schmutzig.** *Dahs tsimmer isst shmoottsig.*
The guests next door / above / below are being very loud.	**Die Gäste nebenan / über dem Zimmer / unter dem Zimmer sind sehr laut.** *Dee guess-teh neh-ben-UN / [UE]-ber dehm tsimmer / OOHN-ter dehm tsimmer sinnd sehr lout.*

CHECKING OUT

I think this charge is a mistake.
Ich glaube, diese Gebühr ist falsch.
Ee[ch] GLAU-be, dee-se ghe-B[UE]HR isst fahllsh.

Please explain this charge to me.
Könnten Sie mir diese Gebühr bitte erklären?
K[oe]nn-ten zee mere dee-se ghe-b[ue]hr bit-eh air-KL[AE]H-ren?

Thank you, we enjoyed our stay.
Vielen Dank, es war schön bei Ihnen.
Feel-en dunk, as vaar SH[OE]HN by eehnen.

The service was excellent.
Der Service war ausgezeichnet.
Dehr SER-vis vaar ous-gheh-TSAI[CH]-net.

The staff is very professional and courteous.
Das Personal ist sehr professionell und zuvorkommend.
Dahs pair-soh-NAAHL isst sehr proh-fess-yo-NELL oonnd tsoo-VOHR-comm-end.

Please call a cab for me.
Rufen Sie mir bitte ein Taxi.
Roo-fen zee mere bit-eh aihn TAHCK-zee.

Would someone please get my bags?
Könnte sich bitte jemand um mein Gepäck kümmern?
K[oe]nn-te si[ch] bit-eh YEH-mahnd oohmm mine ghe-P[AE]CK k[ue]mm-ern?

HAPPY CAMPING

I'd like a site for ____
Ich hätte gern einen Platz für ____
Ee[ch] hat-teh ghern eye-nen plahts f[ue]r ____

a tent.
ein Zelt.
aihn TSELLT.

a camper.	**einen Wohnwagen** *eye-nen VOHN-vaah-ghenn.*
Are there ____	**Gibt es hier ____** *Gheebt as heer ____*
bathrooms?	**Toiletten?** *toi-LET-ten?*
showers?	**Duschen?** *DOO-shenn?*
Is there running water?	**Gibt es fließend Wasser?** *Gheebt es fleecent vahsser?*
Is the water drinkable?	**Ist das Wasser trinkbar?** *Isst dahs vahsser TRINK-bahr?*
Where is the electrical hookup?	**Wo finde ich den Elektroanschluss?** *Voh fin-deh ee[ch] dehn eh-LECK-troh-unshlooss?*

CHAPTER FOUR

DINING

This chapter includes a menu reader and the language you need to communicate in a range of dining establishments and food markets.

FINDING A RESTAURANT

Would you recommend a good ____ restaurant?	**Können Sie mir ein gutes ____ Restaurant empfehlen?** *K[oe]nn-en zee mere aihn goo-tess ____ ress-toh-ROHNG empfehlen?*
local	**örtliches** *[oe]rrt-li[ch]-es*
Italian	**italienisches** *ee-tahl-yeh-nee-shess*
French	**französisches** *frahnn-ts[oe]h-see-shess*
Turkish	**türkisches** *t[ue]rr-kee-shess*
Spanish	**spanisches** *spah-nee-shess*
Chinese	**chinesisches** *[ch]ee-nehh-see-shess*
Japanese	**japanisches** *yah-pah-nee-shess*
Asian	**asiatisches** *ah-see-ah-tish-es*
pizza	**Pizzeria** *Pittseh-REE-ah*
steakhouse	**Steakhaus** *STEAK-house*
family	**Familien-** *fah-mee-lee-en-*

seafood	**Fisch-** *fish*
vegetarian	**vegetarisches** *veh-gheh-TAH-ree-shess*
buffet-style	**Selbstbedienungs-** *sellbst-beh-dee-noongs-*
Greek	**griechisches** *gree-[ch]ish-ess*
budget	**günstiges** *gh[ue]nns-tee-ghess*
Which is the best restaurant in town?	**Welches Restaurant ist das beste der Stadt?** *Vell-[ch]ess ress-toh-rohng isst dahs BESS-teh dehr shtahtt?*
Is there a late-night restaurant nearby?	**Gibt es in der Nähe ein Restaurant, das auch noch spät geöffnet hat?** *Gheebt as in dehr n[ae]h-heh aihn ress-toh-ROHNG, dahs ou[ch] noh[ch] SHP[AE]HT gheh-[oe]ff-net hut?*
Is there a restaurant that serves breakfast nearby?	**Gibt es in der Nähe ein Frühstückslokal?** *Gheebt as in dehr n[ae]h-heh aihn FR[UE]H-sht[ue]cks-loh-kahl?*
Is it very expensive?	**Ist es dort teuer?** *Isst as dohrrt TOY-ehr?*
Do I need a reservation?	**Benötige ich eine Reservierung?** *Beh-n[oe]h-tiggeh ee[ch] eye-neh reh-sehr-VEE-roong?*
Do I have to dress up?	**Muss ich mich herausputzen?** *Mooss ee[ch] mee[ch] heh-RAUS-put-senn?*
Do they serve lunch?	**Gibt es dort Mittagessen?** *Gheebt as dohrrt MIT-tahg-ess-en?*

What time do they open for dinner?	**Ab wann gibt es dort Abendessen?** *Up vahnn gheebt as dohrrt AH-bent-ess-en?*
For lunch?	**Mittagessen?** *MIT-tahg-ess-en?*
What time do they close?	**Wie lange ist dort geöffnet?** *Vee lung-eh isst dohrrt gheh-[OE]FF-net?*
Do you have a take out menu?	**Haben Sie Speisen zum Mitnehmen?** *Hah-ben zee shpye-sen tsoom MIT-neh-men?*
Do you have a bar?	**Haben Sie eine Bar?** *Hah-ben zee eye-neh BAHR?*
Is there a café nearby?	**Gibt es ein Café in der Nähe?** *Gheebt as aihn kaff-EHH inn dehr n[ae]h-heh?*

GETTING SEATED

Are you still serving?	**Haben Sie noch geöffnet?** *Hah-ben zee noh[ch] gheh-[OE]FF-net?*
How long is the wait?	**Wie lange muss ich warten? (sing.) / Wie lange müssen wir warten? (pl.)** *Vee lung-eh mooss ee[ch] VAHRR-ten? / Vee lung-eh m[ue]ss-en veer VAHRR-ten?*
Do you have a no-smoking section?	**Haben Sie einen Nichtraucherbereich?** *Hah-ben zee eye-nen NI[CH]T-rauh-[ch]ehr-beh-rye[ch]?*
A table for ____, please.	**Einen Tisch für ____ Personen, bitte.** *Eye-nen TISH f[ue]hr ____ pehr-soh-nen, bit-eh.*

For a full list of numbers, see p7.

Listen Up: Restaurant Lingo

Raucher oder Nichtraucher? *RAUH-[ch]ehr oh-der NI[CH]T-rauh-[ch]ehr?*	Smoking or nonsmoking?
Sie benötigen eine Krawatte und ein Jackett. *Zee beh-n[oe]h-tiggen eye-neh krah-VAHTT-eh oonnd aihn shah-KETT.*	You'll need a tie and jacket.
Es tut mir leid, aber kurze Hosen sind hier nicht erlaubt. *As toot mere LYDE, ah-behr koorrt-seh HOH-senn sinnd hear ni[ch]t air-LAUBT.*	I'm sorry, no shorts are allowed.
Kann ich Ihnen etwas zu trinken bringen? *Khann ee[ch] eeh-nen at-vahs tsoo TRING-ken bring-en?*	May I bring you something to drink?
Soll ich Ihnen die Weinkarte bringen? *Sohll ee[ch] eeh-nen dee VINE-kahrr-teh bring-en?*	Would you like to see a wine list?
Darf ich Ihnen unsere Spezialitäten vorstellen? *Dharrf ee[ch] eeh-nen oonn-seh-reh shpeh-tsee-yahl-ee-T[AE]H-ten fohr-shtell-en?*	Would you like to hear our specials?
Möchten Sie jetzt bestellen? *M[oe][ch]-ten zee yetst beh-SHTELL-en?*	Are you ready to order?
Es tut mir leid, aber Ihre Kreditkarte wurde nicht akzeptiert. *As toot mere LYDE, ah-behr eeh-reh creh-DEET-kahrr-teh voorr-deh ni[ch]t ahcktsep-TEERT.*	I'm sorry, but your credit card was declined.

Do you have a quiet table?	**Haben Sie einen ruhigen Tisch?** *Hah-ben zee eye-nen ROO-hee-ghenn tish?*
May we sit outside / inside please?	**Können wir draußen / drinnen sitzen?** *K[oe]nn-en veer DROW-ssen / DRINN-en sitt-sen?*
May we sit at the counter?	**Können wir an der Theke sitzen?** *K[oe]nn-en veer un dehr TEH-keh sitt-sen?*
The menu, please?	**Die Karte, bitte.** *Dee KAHRR-teh, bit-eh.*

ORDERING

Do you have a special tonight?	**Haben Sie heute Abend ein spezielles Angebot?** *Hah-ben zee hoy-teh ah-bend aihn shpeh-tsee-ell-es UN-gheh-boht?*
What do you recommend?	**Was können Sie empfehlen?** *Vahs k[oe]nn-en zee em-PFEH-len?*
May I see a wine list?	**Könnte ich bitte die Weinkarte haben?** *K[oe]nn-teh ee[ch] bit-eh dee VINE-kahrr-teh hah-ben?*
Do you serve wine by the glass?	**Servieren Sie Wein im Glas?** *Serr-veer-en zee vine im GLAHSS?*
May I see a drink list?	**Könnte ich bitte die Getränkekarte haben?** *K[oe]nn-teh ee[ch] bit-eh dee gheh-TR[AE]NG-keh-kahrr-teh hah-ben?*
I would like it cooked ____	**Ich hätte es gern ____** *Ee[ch] hat-eh as ghern ____*
rare.	**blutig.** *BLOO-tigg.*
medium rare.	**halb gar.** *hahlbb GHAHR.*

medium.	**medium.** *MEH-dee-oomm.*
medium well.	**halb durch.** *hahlbb DOORR[CH].*
well.	**gut durch.** *goot DOORR[CH].*
charred.	**verschmort.** *fehr-SHMORRT.*
Do you have a ____ menu?	**Haben Sie eine Karte mit ____ Speisen?** *Hah-ben zee eye-neh kahrr-teh mit ____ shpye-sen?*
diabetic	**diabetischen** *dee-ah-BEH-tish-en*
kosher	**kosheren** *KOH-sheh-ren*
vegetarian	**vegetarischen** *veh-gheh-TAH-ree-shen*
Do you have a children's menu?	**Haben Sie eine Karte für Kinder?** *Hah-ben zee eye-neh kahrr-teh f[ue]hr KIN-dehr?*
What is in this dish?	**Welche Zutaten enthält dieses Gericht?** *Vell-[ch]eh TSOO-tah-ten ent-h[ae]llt dee-ses gheh-RI[CH]T?*
How is it prepared?	**Wie wird es zubereitet?** *Vee virrd ess TSOO-beh-rye-tet?*
What kind of oil is that cooked in?	**In welchem Öl wird dieses Gericht zubereitet?** *In vell-[ch]em [OE]HL virrd dee-ses gheh-ri[ch]t tsoo-beh-rye-tet?*
Do you have any low-salt dishes?	**Haben Sie Gerichte mit wenig Salz?** *Hah-ben zee ghe-ri[ch]-teh mit veh-nigg SAHLTTS?*
On the side, please.	**Als Beilage, bitte.** *Ahlls BYE-lah-gheh, bit-eh.*

May I make a substitution?	**Kann ich die Zusammenstellung ändern?** *Khann ee[ch] dee tsoo-SAHMM-en-shtell-oong [ae]nn-dehrn?*
I'd like to try that.	**Das würde ich gern probieren.** *Dahs v[ue]rr-deh ee[ch] ghern proh-BEE-ren.*
Is that fresh?	**Ist das frisch?** *Isst dahs FRISH?*
Waiter!	**Bedienung!** *Beh-DEE-noong!*
Extra butter, please.	**Könnte ich bitte noch etwas Butter haben?** *K[oe]nn-teh ee[ch] bit-eh noh[ch] at-vahs BOOTT-ehr hah-ben?*
No butter, thanks.	**Keine Butter, danke.** *Kye-neh BOOTT-ehr, dunk-eh.*
No cream, thanks.	**Keine Sahne, danke.** *Kye-neh SAH-neh, dunk-eh.*
Dressing on the side, please.	**Dressing extra, bitte.** *Dressing EKKS-trah, bit-eh.*
No salt, please.	**Kein Salz, bitte.** *Kyne SAHLTTS, bit-eh.*
May I have some oil, please?	**Könnte ich bitte etwas Öl haben?** *K[oe]nn-teh ee[ch] bit-eh at-vahs [OE]HL hah-ben?*
More bread, please.	**Könnte ich bitte noch etwas Brot haben?** *K[oe]nn-teh ee[ch] bit-eh noh[ch] at-vahs BROHT hah-ben?*
I am lactose intolerant.	**Ich habe eine Laktoseunverträglichkeit.** *Ee[ch] hah-beh eye-neh luck-TOH-seh-oon-fehr-tr[ae]g-li[ch]-kite.*

Would you recommend something without milk?
Könnten Sie mir bitte etwas ohne Milch empfehlen?
K[oe]nn-ten zee mere bit-eh at-vahs oh-neh MILL[CH] em-pfeh-len?

I am allergic to ____
Ich bin allergisch gegen ____
Ee[ch] bin ah-LERR-ghish gheh-ghenn ____

seafood.
Meeresfrüchte.
mehh-res-fr[ue]ch-teh.

shellfish.
Schalentiere.
shah-len-tee-reh.

nuts.
Nüsse.
n[ue]ss-eh.

peanuts.
Erdnüsse.
ehrrd-n[ue]ss-eh.

Water ____, please.
Wasser ____, bitte.
Vahs-sehr ____, bit-eh.

with ice
mit Eis,
mitt ICE

without ice
ohne Eis,
ohh-ne ICE

I'm sorry, I don't think this is what I ordered.
Verzeihung, aber ich glaube, das habe ich nicht bestellt.
Fehr-TSYE-oong, ah-behr ee[ch] GLAU-beh, dahs hah-beh ee[ch] ni[ch]t beh-SHTELLT.

My meat is a little over / under cooked.
Mein Fleisch ist etwas zu stark / zu wenig durch.
Mine flye-sh isst at-vahs tsoo SHTARRK / tsoo VEH-nigg duhrr[ch].

My vegetables are a little over / under cooked.
Mein Gemüse wurde etwas zu lang / zu kurz gekocht.
Mine gheh-m[ue]h-seh wurde at-vahs tsoo LUNG / tsoo KOORRTS gheh-ko[ch]t.

There's a bug in my food!	**Da ist ein Käfer in meinem Essen!** *Dah isst aihn K[AE]H-fehr in mynem ess-en!*
May I have a refill?	**Würden Sie bitte nachschenken?** *V[ue]rr-den zee bit-eh NAH[CH]-sheng-ken?*
A dessert menu, please.	**Die Dessertkarte, bitte.** *Dee dess-SEHR-kahrr-teh, bit-eh.*

DRINKS

alcoholic	**Alkoholisch** *ahll-koh-HOH-lish*
neat / straight	**pur** *poor*
on the rocks	**auf Eis** *ouf ICE*
with (seltzer or soda) water	**mit (Selters- oder Soda-) Wasser** *mitt (SELL-terrs oh-der SOH-dah) Vahs-sehr*
beer	**Bier** *beer*
dark beer	**dunkles Bier** *DOONNK-less beer*
light beer	**helles Bier** *HELL-ess bier*
Kölsch	**Kölsch** *K[OE]LL-sh*
Weissbier	**Weißbier** *VICE-beer*
pilsner	**Pils** *pillss*
bock beer	**Bockbier** *BOCK-beer*
bottle	**Flasche** *FLUSH-eh*
glass	**Glas** *glahss*

wine	**Wein** *vine*
house wine	**Hauswein** *HOUSE-vine*
sweet wine	**lieblicher Wein** *LEEB-li[ch]-ehr vine*
dry white wine	**trockener Weißwein** *trokken-er VICE-vine*
Gewürztraminer	**Gewürztraminer** *Gheh-V[UE]RRTS-trah-mee-nehr*
Riesling	**Riesling** *REES-ling*
rosé	**Rosé** *roh-SEHH*
Scotch	**Scotch** *Scotch*
red wine	**Rotwein** *ROHT-vine*
Whiskey	**Whiskey** *Whiskey*
sparkling sweet wine	**Sekt** *SEKKT*
liqueur	**Likör** *lee-K[OE]HR*
brandy	**Brandy** *BRAN-dee*
cognac	**Kognak** *CON-yukk*
Kirschwasser (cherry-flavored liqueur)	**Kirschwasser** *KEERRSH-vahs-sehr*
gin	**Gin** *jinn*
vodka	**Wodka** *VODD-kah*
rum	**Rum** *roomm*

nonalcoholic	**alkoholfrei** *ahll-koh-HOHL-frye*
hot chocolate	**heiße Schokolade** *hye-sseh shoh-koh-LAH-deh*
lemonade	**Limonade** *lee-moh-NAH-deh*
radler / radlermass (beer mixed with lemonade or soda)	**Radler (0,5 L) / Radlermaß (1 L)** *RAHD-lehr / RAHD-lehr-mahss*
Apfelmost (hard cider)	**Apfelmost** *UP-fell-mohsst*
milkshake	**Milchshake** *MILL[CH]-shake*
milk	**Milch** *mill[ch]*
tea	**Tee** *tehh*
coffee	**Kaffee** *kah-FEHH*
cappuccino	**Cappuccino** *kappoo-TSHEE-noh*
espresso	**Espresso** *ess-PRRESS-oh*
iced coffee	**Eiskaffee** *ICE-kahff-eh*
fruit juice	**Fruchtsaft** *FROO[CH]T-sufft*

For a full list of fruits, see p91.

SETTLING UP

I'm stuffed.	**Ich bin voll.** *Ee[ch] binn FOLL.*
The meal was excellent.	**Das Essen war ausgezeichnet.** *Dahs ess-en vaar ous-gheh-TSAI[CH]-net.*

There's a problem with my bill.	**Es gibt da ein Problem mit meiner Rechnung.** *As gheebt dah aihn proh-blehm mit minor RE[CH]-noong.*
Is the tip included?	**Ist das inklusive Trinkgeld?** *Isst dahs in-kloo-see-veh TRINK-gelld?*
My compliments to the chef!	**Mein Kompliment an den Chefkoch!** *Mine komm-plee-MEANT un dehn CHEFF-koh[ch]!*
Check, please.	**Zahlen, bitte.** *TSAH-len, bit-eh.*

MENU READER

Each German-speaking country has its own regional and national specialties, but we've tried to make our list of classic dishes as broad as possible.

BREAKFAST

Eier: Eggs
EYE-ehr

Bread (Note: There are many kinds of bread in Germany. Following are some of the most common and delicious varieties.)

- **Roggenbrot:** rye bread
- **Toastbrot:** toast bread
- **Vollkornbrot:** whole-grain bread
- **Weizenbrot:** wheat bread
- **Weissbrot:** white bread
- **Mehrkornbrot:** multigrain bread
- **Roggenmischbrot:** rye-wheat bread
- **Zwiebelbrot:** onion bread
- **Semmel, Brötchen:** bread rolls

Sausage (Sausages can be bought at outdoor stalls throughout the year. They are eaten with a roll and some mustard.)
Weißwurst: Weisswurst
VICE-voorrst
Blutwurst: Blutwurst
BLOOT-voorrst
Kaffee: Coffee
KAHFF-eh
Sahne: Cream
SAH-ne
Butter: Butter
BOOTT-ehr
Zucker: Sugar
TSOOKK-ehr
Salz: Salt
sahllts
Pfeffer: Pepper
PFEHFF-ehr
Jogurt: Yogurt
YOH-ghoorrt
Quark: Quark (a creamy, savory dish eaten on bread)
kwarrk
Nutella: Nutella (a chocolate-hazelnut spread)
noo-TELL-ah

LUNCH / DINNER

German / Swiss / Austrian specialties

Following are special dishes from different German-speaking regions and countries. Although many are available in most regions in one form or another, the names can vary. The region or country is indicated in parentheses after the name of the dish.

Pfannkuchen: potato pancakes
PFAHNN-coo-[ch]en
Sauerbraten: marinated beef
SOUER-brah-ten

Rösti: fried potato dish (Switzerland)
R[OE]SS-tee
Wiener Schnitzel: breaded veal cutlets
vee-nair SHNITT-sell
Spätzle: heavy pasta served in place of potatoes (Southern Germany)
SHPATS-leh
Knödel: dumplings
KHN[OE]H-dell
Hasenpfeffer: rabbit stew
HAH-sen-pfeff-ehr
Jägerschnitzel: type of cutlet with mushrooms and peppers
Y[AE]H-ghair-shnitt-sell
Maultaschen: Swabian ravioli
MAUHL-tahshen
Nockerln: dumplings in Austria and Bavaria
NOCK-errln
Ochsenschwanzsuppe: Oxtail soup
OKKS-en-shvahnnts-soopp-eh
Schweinshaxe: pork hock
SHVINES-hahkks-eh
Sauerkraut
SOUER-kraut
Spanferkel: whole-roasted suckling pig
SHPAHN-fehrr-kell
Rote Grütze: red fruit pudding
roh-teh GR[UE]TT-seh
Menü: daily special
Meh-N[UE]H
Tagesgericht: dish of the day
TAH-ghess-gheh-ri[ch]t

DESSERT

Sacher Torte: Sacher Torte
SAH[CH]-ehr torr-teh
Käsekuchen: Cheese cake
K[AE]H-seh-coo-[ch]en
Apfelstrudel: Apple strudel
UP-fell-shtroo-dell
Schokolade: Chocolate
shoh-koh-LAH-deh
Stollen: Stollen (typically served at Christmas)
SHTOLL-en
Marzipan: Marzipan
MAHRR-tsee-pahn
Eiscreme: Ice cream
ICE-krehm
Kekse: Cookies / biscuits
KEHK-seh

MEAT

Rindfleisch: Beef
RINND-flye-sh
Schweinefleisch: Pork
SHVINE-eh-flye-sh
Würstchen: Sausage
V[UE]RRST-[ch]enn
Hähnchen: Chicken
H[AE]HN-[ch]en
Kalbfleisch: Veal
KAHLLB-flye-sh
Lammfleisch: Lamb
LAHMM-flye-sh
Hasenfleisch: Rabbit
HAH-senn-flye-sh

FISH AND SEAFOOD

Tunfisch: Tuna
TOON-fish

Lachs: Salmon
lahkks
Kabeljau: Cod
KAH-bell-yow
Hering: Herring
HEH-rring
Forelle: Trout
foh-RELL-eh
Buntbarsch: Tilapia
BOONNTT-bahrrsh
Karpfen: Carp
CAHRR-pfenn
Schwertfisch: Swordfish
SHVEHRRT-fish
Heilbutt: Halibut
HYLE-boott
Muscheln: Mussels
MOOSH-elln

PASTA

Spaghetti: Spaghetti
shpah-GET-ee
Pizza: Pizza
PIT-sah
Döner Kebab: meat sandwich with lettuce, onions and a cream sauce; invented by Turkish immigrants to Germany in Berlin in 1971.
d[oe]h-nehr KEH-bahpp
Currywurst: sausage seasoned with curry powder, usually served with French fries
CURRY-voorrsst

CHEESE

Blauschimmelkäse: Blue cheese
BLAUH-shimmel-k[ae]h-seh
Hüttenkäse: Cottage cheese
H[UE]TT-en-k[ae]h-seh
Frischkäse: Cream cheese
FRISH-k[ae]h-seh
Schweizer Käse: Swiss cheese
SHVYE-tsair k[ae]h-seh
Gorgonzola: Gorgonzola
gore-ghonn-TSOH-lah
Ziegenkäse: Goat cheese
TSEE-ghenn-k[ae]h-seh

UTENSILS

Gabel: Fork
GHAH-bell
Messer: Knife
MESS-ehr
Löffel: Spoon
L[OE]FF-ell
Suppenlöffel: Soup spoon
SOOPP-en-l[oe]ff-ell
Teelöffel: Teaspoon
TEHH-l[oe]ff-ell
Teller: Plate
TELL-ehr
Schüssel: Bowl
SH[UE]SS-ell
Topf: Pot
toppf
Pfanne: Pan
PFAHNN-eh
Serviette: Napkin
serr-vee-AT-eh

BUYING GROCERIES

Groceries can be purchased at supermarkets, neighborhood stores, or farmers' markets. Most cities and towns have farmers' markets that sell fruits, vegetables, cheeses, and other goods.

AT THE SUPERMARKET

Which aisle has ____	**In welchem Regal finde ich ____** *In vell-[ch]em reh-GAHL fin-deh ee[ch] ____*
spices?	**Gewürze?** *gheh-V[UE]RR-tseh?*
toiletries?	**Hygieneartikel?** *h[ue]-GYEH-neh-arr-tee-kell?*
paper plates and napkins?	**Papierteller und Servietten?** *pah-PEER-tell-ehr oonnd serr-vee-AT-ten?*
canned goods?	**Konserven?** *con-SERR-ven?*
snack food?	**Snacks?** *snacks?*
baby food?	**Babynahrung?** *BEH-bee-nah-roong?*
water?	**Wasser?** *VAHS-ser?*
juice?	**Säfte?** *S[AE]FF-teh?*
bread?	**Brot?** *broht?*
cheese?	**Käse?** *K[AE]H-seh?*
fruit?	**Obst?** *Ohbsst?*
cookies?	**Kekse?** *KEHK-seh?*

AT THE BUTCHER SHOP

Is the meat fresh?	**Ist das Fleisch frisch?** *Isst dahs flye-sh FRISH?*
Do you sell fresh ____	**Verkaufen Sie frisches ____** *Fehr-cow-fen zee frish-ess ____*
beef?	**Rindfleisch?** *RINND-flye-sh?*
pork?	**Schweinefleisch?** *SHVINE-eh-flye-sh?*
lamb?	**Lammfleisch?** *LAHMM-flye-sh?*
I would like a cut of ____	**Ich hätte gern ____** *Ee[ch] HAT-eh ghern ____*
tenderloin.	**ein Filetstück.** *aihn fee-LEHH-sht[ue]ck.*
T-bone.	**ein T-Bone-Steak.** *aihn TEE-bone-steak.*
brisket.	**ein Bruststück.** *aihn BROOSSTT-sht[ue]ck.*
rump roast.	**ein Rumpsteak.** *aihn ROOMMP-steak.*
chops.	**Koteletts.** *kott-LETTS.*
filet.	**ein Filet.** *aihn fee-LEHH.*
Thin / Thick cuts please.	**Dünne / Dicke Scheiben, bitte.** *D[UE]NN-eh / DICK-eh shy-ben, bit-eh.*
Please trim the fat.	**Entfernen Sie bitte das Fett.** *Ent-fehr-nen zee bit-eh dahs FETT.*
Do you have any sausage?	**Haben Sie Würstchen?** *Hah-ben zee V[UE]RRST-[ch]enn?*
Is the ____ fresh?	**____ frisch?** *____ FRISH?*

fish	**Ist der Fisch** *Isst dehr fish*
seafood	**Sind die Meeresfrüchte** *Sinnd dee mehh-res-fr[ue]ch-teh*
shrimp	**Sind die Garnelen** *Sinnd dee gharr-neh-len*
trout	**Ist die Forelle** *Isst dee foh-rell-eh*
flounder	**Ist die Flunder** *Isst dee floonn-dehr*
clams	**Sind die Muscheln** *Sinnd dee moosh-elln*
oysters	**Sind die Austern** *Sinnd dee ous-terrn*
May I smell it?	**Dürfte ich bitte daran riechen?** *D[ue]rf-teh ee[ch] bit-eh dah-rahn REE-[ch]en?*
Would you please ____	**Könnten Sie ____** *K[oe]nn-ten zee ____*
filet it?	**das bitte filetieren?** *dahs bit-eh fee-leh-TEE-ren?*
debone it?	**das bitte entbeinen?** *dahs bit-eh ent-BYE-nen?*
remove the head and tail?	**bitte Kopf und Schwanz entfernen?** *bit-eh copf oonnd SHVAHNNTS ent-fehr-nen?*

AT THE PRODUCE STAND / MARKET

Fruits

banana	**Banane** *bah-NAH-neh*
apple	**Apfel** *UP-fell*

grapes (green, red)	**Trauben** *TRAUH-ben*
orange	**Orange** *oh-RUN-sheh*
lime	**Limette** *lee-METT-eh*
lemon	**Zitrone** *tsee-TROH-neh*
mango	**Mango** *MAHNG-goh*
melon	**Melone** *meh-LOH-neh*
cantaloupe	**Cantaloupe-Melone** *khann-tah-LOOP-meh-loh-neh*
watermelon	**Wassermelone** *VAHS-sehr-meh-loh-neh*
honeydew	**Honigmelone** *HOH-nigg-meh-loh-neh*
cranberry	**Cranberry** *CRAN-berry*
cherry	**Kirsche** *KEERR-sheh*
peach	**Pfirsich** *PFIRR-si[ch]*
apricot	**Aprikose** *up-ree-KOH-seh*
strawberry	**Erdbeere** *EHRRD-beh-reh*
blueberry	**Heidelbeere** *HYE-dell-beh-reh*
kiwi	**Kiwi** *KEE-vee*
pineapple	**Ananas** *ANNAH-nahss*

blackberries	**Brombeeren** *BROM-beh-ren*
grapefruit	**Grapefruit** *GRAPE-fruit*
gooseberry	**Stachelbeere** *SHTAH[CH]-ell-beh-reh*
papaya	**Papaya** *pah-PAHY-yah*
tamarind	**Tamarinde** *tah-mah-RINN-deh*
tangerine	**Mandarine** *mahnn-dah-REE-neh*
plum	**Pflaume** *PFLAUH-meh*
pear	**Birne** *BIRR-neh*

Vegetables

plantain	**Kochbanane** *KOH[CH]-bah-nah-neh*
regular	**normal** *norr-MAHL*
ripe	**reif** *rye-ff*
lettuce	**Kopfsalat** *COPF-sah-laht*
spinach	**Spinat** *spee-NAHHT*
avocado	**Avocado** *ah-voh-KAH-doh*
artichoke	**Artischocke** *arr-tee-SHOCK-eh*
olives	**Oliven** *oh-LEE-ven*
beans	**Bohnen** *BOH-nen*

green beans	**grüne Bohnen** *gr[ue]h-neh BOH-nen*
tomato	**Tomate** *toh-MAH-teh*
potato	**Kartoffel** *karr-TOFF-ell*
peppers	**Paprika** *PAHPP-ree-kah*
hot	**scharf** *shahrrff*
mild	**mild** *milld*
jalapeno	**Peperoni** *pepp-eh-ROH-nee*
onion	**Zwiebel** *TSVEE-bell*
celery	**Sellerie** *SELL-eh-ree*
broccoli	**Brokkoli** *BROCK-oh-lee*
cauliflower	**Blumenkohl** *BLOOH-menn-kohl*
carrot	**Karrotte** *kah-ROTT-eh*
corn	**Mais** *mice*
cucumber	**Gurke** *GHOORR-keh*
bean sprouts	**Sojasprossen** *SOH-yah-shpross-en*
sweet corn	**Mais** *mice*
eggplant	**Aubergine** *oh-behr-SHEE-neh*

sorrel	**Ampfer** *UM-pfehr*
yam	**Süßkartoffel** *S[UE]HS-kahr-toff-ell*
squash	**Kürbis** *KYRR-biss*

Fresh Herbs & Spices

cilantro / coriander	**Koriander** *koh-ree-UNDER*
black pepper	**schwarzer Pfeffer** *shvahrrz-ehr PFEFF-ehr*
salt	**Salz** *sahltts*
basil	**Basilikum** *bah-SEE-lee-koom*
parsley	**Petersilie** *peh-tehr-SEAL-yeh*
oregano	**Oregano** *oh-REH-ghah-noh*
sage	**Salbei** *SAHLL-bye*
thyme	**Thymian** *T[UE]H-mee-ahn*
cumin	**Kreuzkümmel** *KRROYTS-k[ue]m-mell*
paprika	**Paprika** *PAHPP-ree-kah*
garlic	**Knoblauch** *KNOHB-lauh[ch]*
clove	**Nelke** *NELL-keh*
allspice	**Piment** *pee-MEANT*
saffron	**Safran** *SAHFF-rahn*

rosemary	**Rosmarin** *ROHS-mah-reen*
anise	**Anis** *AH-niss*
sugar	**Zucker** *TSOOKK-ehr*
marjoram	**Majoran** *MAH-yoh-rahn*
dill	**Dill** *dill*
caraway	**Kümmel** *K[UE]M-mell*
bay leaf	**Lorbeer** *LOHRR-behr*
cacao	**Kakao** *kah-COW*
dried	**getrocknet** *gheh-TROCK-net*
fresh	**frisch** *frish*
seed	**Samen** *SAH-men*

AT THE DELI

What kind of salad is that?	**Was für ein Salat ist das?** *Vahs f[ue]hr aihn sah-LAHT isst dahs?*
What type of cheese is that?	**Was für ein Käse ist das?** *Vahs f[ue]hr aihn K[AE]H-seh isst dahs?*
What type of bread is that?	**Was für ein Brot ist das?** *Vahs f[ue]hr aihn BROHT isst dahs?*
Some of that, please.	**Geben Sie mir etwas davon, bitte.** *Gheh-ben zee mere at-vahs DAH-fonn, bit-eh.*

Is the salad fresh?	**Ist der Salat frisch?** *Isst dehr sah-laht FRISH?*
I'd like ____	**Ich hätte gern ____** *Ee[ch] hat-eh ghern ____*
a sandwich.	**ein Sandwich.** *aihn SAND-which.*
a salad.	**einen Salat.** *eye-nen sah-LAHT.*
tuna salad.	**einen Tunfischsalat.** *eye-nen TOON-fish-sah-laht.*
chicken salad.	**einen Geflügelsalat.** *eye-nen gheh-FL[UE]H-ghell-sah-laht.*
roast beef.	**ein Roastbeef.** *aihn ROAST-beef.*
ham.	**einen Schinken.** *eye-nen SHING-ken.*
that cheese.	**diesen Käse.** *dee-sen K[AE]H-seh.*
cole slaw.	**einen Krautsalat.** *eye-nen KRAUT-sah-laht.*
a package of tofu.	**eine Packung Tofu.** *eye-neh pahkk-oong TOH-foo.*
mustard.	**Senf.** *sennff.*
mayonaisse.	**Majonäse.** *mah-yoh-N[AE]H-seh.*
a pickle.	**eine Essiggurke.** *eye-neh ESS-igg-ghoorr-keh.*
Is that smoked?	**Ist das geräuchert?** *Isst dahs gheh-ROY-[ch]errt?*
a pound (0,5 kg)	**ein Pfund** *ain PFOONND*

a quarter-pound (0,125 kg)	**ein Viertelpfund** *ain FEER-tell-pfoonnd*
a half-pound (0,25 kg)	**ein halbes Pfund** *ain HAHLL-bess pfoonnd*

CHAPTER FIVE

SOCIALIZING

Whether you're meeting people in a bar or a park, you'll find the language you need, in this chapter, to make new friends.

GREETINGS

Hello.	**Hallo.** *Hah-LOH.*
How are you?	**Wie geht es Ihnen?** *Vee GHEHHT as eehnen?*
Fine, thanks.	**Gut, danke.** *Goot, DUNK-eh.*
And you?	**Und Ihnen?** *Oonnd EEH-nen?*
I'm exhausted from the trip.	**Ich bin erschöpft von der Reise.** *Ee[ch] bin air-SH[OE]PFT fonn dehr RYE-seh.*
I have a headache.	**Ich habe Kopfschmerzen.** *Ee[ch] hah-beh COPF-shmairtsenn.*
I'm terrible.	**Ich fühle mich schlecht.** *Ee[ch] f[ue]hl-eh mi[ch] SHLE[CH]T.*
I have a cold.	**Ich habe eine Erkältung.** *Ee[ch] hah-beh eye-ne air-KELL-toong.*
Good morning.	**Guten Morgen.** *Goo-ten MOR-ghenn.*
Good evening.	**Guten Abend.** *Goo-ten AHH-bend.*
Good afternoon.	**Guten Tag.** *Goo-ten TAHHG.*
Good night.	**Gute Nacht.** *Goo-teh NA[CH]T.*

Listen Up: Common Greetings

Freut mich. *FROYT mee[ch].*	It's a pleasure.
Sehr erfreut. *Sehhr ehr-FROYT.*	Delighted.
Zu Ihren Diensten. / Ganz wie Sie wünschen. *Tsooh eehren DEENS-ten. / Gahnnts vee zee V[UE]N-shenn.*	At your service. / As you wish.
Guten Tag. *Goo-ten TAHGG.*	Good day.
Hallo. *Hah-LOH.*	Hello.
Wie geht's? *Vee GHETS?*	How's it going?
Was gibt's? *Vahs GHEEBTS?*	What's up?
Was ist los? *Vahs isst LOHHS?*	What's going on?
Tschüss! *Tsh[ue]ss!*	Bye!
Auf Wiedersehen. *Ouf VEE-dehr-seh-hen.*	Goodbye.
Bis später. *Biss SHP[AE]-tehr.*	See you later.

OVERCOMING THE LANGUAGE BARRIER

I don't understand.	**Ich verstehe Sie nicht.** *Ee[ch] fair-STEH-heh zee ni[ch]t.*
Please speak more slowly.	**Könnten Sie bitte etwas langsamer sprechen?** *K[oe]nn-ten zee bit-eh atvahs LAHNG-summer shpre-[ch]en?*
Please speak louder.	**Könnten Sie bitte etwas lauter sprechen?** *K[oe]nn-ten zee bit-eh atvahs LOU-tehr shpre-[ch]en?*

Curse Words

Here are some common curse words used across German-speaking countries.

Scheiße *SHYE-sseh*	shit
Drecksau *DREKK-saoo*	son of a bitch (literally, dirty sow)
Vollidiot *FOLL-eedeeoht*	jerk
Verdammt! *Fehr-DAHMMT!*	damn
Arsch *arrsh*	ass
durchgeknallt *DUHR[CH]-gheh-knallt*	screwed up
Arschloch *ARRSH-lo[ch]*	bastard
abgewichst *UP-gheh-vixt*	fucked up
ficken *fikken*	to fuck

See p20, 21 for conjugation.

Do you speak English?	**Sprechen Sie Englisch?** *Shpre-[ch]en zee ENG-lish?*
I speak ____ better than German.	**Ich spreche besser ____ als Deutsch.** *Ee[ch] shpre-[ch]eh bess-er ____ ahlls DOYTSH.*
Please spell that.	**Könnten Sie das bitte buchstabieren?** *K[oe]nn-ten zee dahs bit-eh bu[ch]-shtah-BEE-ren?*
Please repeat that?	**Könnten Sie das bitte wiederholen?** *K[oe]nn-ten zee dahs bit-eh vee-dair-HOH-len?*
How do you say ____?	**Wie sagt man ____?** *Vee sahggt man ____?*
Would you show me that in this dictionary?	**Könnten Sie mir das bitte in diesem Wörterbuch zeigen?** *K[oe]nn-ten zee mere dahs bit-eh in dee-sem V[OE]R-tehr-boo[ch] tsai-ghen?*

GETTING PERSONAL

People in German-speaking countries are generally friendly, but more formal than Americans. Remember to use the *Sie* form of address until given permission to employ the more familiar *Du*.

INTRODUCTIONS

What is your name?	**Wie heißen Sie?** *Vee HYE-ssenn zee?*
My name is ____.	**Ich heiße ____.** *Ee[ch] HYE-sseh ____.*
I'm very pleased to meet you.	**Freut mich, Sie kennen zu lernen.** *Freud mi[ch], zee CANON tsoo lehr-nen.*

May I introduce my ____
Darf ich Sie meinem (male) / meiner (female) / meinen (plural) ____ bekannt machen?
Dahrrff ee[ch] zee mitt my-nem / minorlmy-nen ____ beh-KAHNNT ma[ch]en?

How is your ____
Wie geht es Ihrem (male) / Ihrer (female) / Ihren (plural) ____
Vee ghehht as eehrehr (eeh-rem / eeh-ren) ____

wife?
Frau?
frow?

husband?
Mann?
mahnn?

child?
Kind?
kin-d?

friends?
Freunden?
FROYN-denn?

boyfriend / girlfriend?
Freund / Freundin?
froynd / froyn-din?

family?
Familie?
fah-MEE-lee-eh?

mother?
Mutter?
MOOT-tehr?

father?
Vater?
FAH-tehr?

brother / sister?
Bruder / Schwester?
broo-dehr / shvesstehr?

friend?
Freund / Freundin?
froynd / froyn-din?

neighbor?
Nachbarn / Nachbarin?
nah[ch]-bar / nah[ch]-bah-rinn?

boss?
Chef?
sheff?

cousin?
Cousin / Cousine?
coo-SAH / coo-SEE-neh?

aunt / uncle?	**Tante / Onkel?** *tahnn-teh / ong-kell?*
fiancée / fiancé?	**Verlobten?** *fehr-LOHB-ten?*
partner?	**Partner / Partnerin?** *PARRT-ner / PARRT-neh-rin?*
niece / nephew?	**Nichte / Neffen?** *NI[CH]-teh / NEFF-en?*
parents?	**Eltern?** *ELL-tern?*
grandparents?	**Großeltern?** *GROHS-ell-tern?*
Are you married / single?	**Sind Sie verheiratet / ledig?** *Sinnd zee fehr-HAI-rah-tet / LEH-dig?*
I'm married.	**Ich bin verheiratet.** *Ee[ch] bin fehr-HAI-rah-tet.*
I'm single.	**Ich bin ledig.** *Ee[ch] bin LEH-dig.*
I'm divorced.	**Ich bin geschieden.** *Ee[ch] bin gheh-SHEE-den.*
I'm a widow / widower.	**Ich bin Witwe / Witwer.** *Ee[ch] bin VIT-veh / VIT-vehr.*
We're separated.	**Wir leben getrennt.** *Veer leh-ben gheh-TRENNT.*
I live with my boyfriend / girlfriend.	**Ich wohne mit meinem Freund / meiner Freundin zusammen.** *Ee[ch] VOH-neh mit my-nem FROYND / minor FROYN-din tsoo-sahmmen.*
How old are you?	**Wie alt sind Sie?** *Vee AHLLT sinnd zee?*
How old are your children?	**Wie alt sind Ihre Kinder?** *Vee ahllt sinnd eehreh KIN-dehr?*

Wow! That's very young.
Wow! Noch so jung?
Wow! Noh[ch] SOH yoonng?

No you're not! You're much younger.
Das kann nicht stimmen! Sie sind doch viel jünger.
Dahs kahnn ni[ch]t shtimmen! Zee sinnd doh[ch] FEEL y[ue]hngh-ehr.

Your wife / daughter is beautiful.
Sie haben eine hübsche Frau / Tochter.
Zee hah-ben eye-neh H[UE]B-sheh frow / to[ch]-tehr.

Your husband / son is handsome.
Sie haben einen gutaussehenden Mann / Sohn.
Zee hah-ben eye-nen GOOT-ous-seh-hen-denn mahnn / sohn.

What a beautiful baby!
Was für ein bezauberndes Baby!
Vahs f[ue]hr aihn beh-TSOW-behrn-dess baby!

Are you here on business?
Sind Sie geschäftlich hier?
Sinnd zee ge-SHAFT-li[ch] heer?

I am vacationing.
Ich mache Urlaub.
Ee[ch] ma[ch]-eh OOHR-loub.

I'm attending a conference.
Ich nehme an einer Konferenz teil.
Ee[ch] neh-meh un eye-nehr kon-feh-RENTS tile.

How long are you staying?
Wie lange bleiben Sie?
Vee lahng-he BLYE-ben zee?

What are you studying?
Was studieren Sie?
Vahs shtoo-DEE-ren zee?

I'm a student.
Ich bin Student.
Ee[ch] bin shtoo-DENT.

Where are you from?
Woher kommen Sie?
Voh-hair COM-mehnn zee?

PERSONAL DESCRIPTIONS

blond(e)	**blond** *blonnd*
brunette	**brünett** *br[ue]h-nett*
redhead	**rothaarig** *ROHT-haah-rig*
straight hair	**glattes Haar** *GLAHT-tes haahr*
curly hair	**gelocktes Haar** *gheh-LOCK-tess haahr*
kinky hair	**krauses Haar** *KROUH-sess haahr*
long hair	**lange Haare** *LAHNG-he haah-reh*
short hair	**kurze Haare** *KUHRT-seh haah-reh*
tanned	**braungebrannt** *brown-gheh-brahnnt*
pale	**blass** *blahss*
mocha-skinned	**dunkelhäutig** *DOONG-kell-hoy-tig*
black	**schwarz** *shvahrrz*

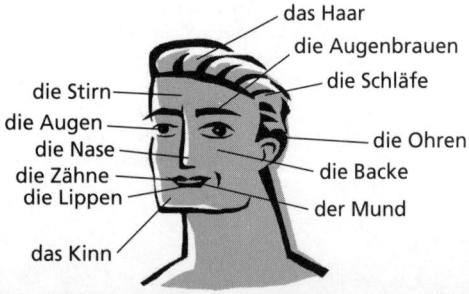

white	**weiß** *vice*
Asian	**asiatisch** *ah-see-AH-tish*
African-American	**afro-amerikanisch** *ah-froh-ah-merry-KAH-nish*
caucasian	**weiß** *vice*
tall	**groß** *grohss*
short	**klein** *klyne*
thin	**dünn** *d[ue]nn*
fat	**dick** *dick*
blue eyes	**blaue Augen** *blou-eh ou-ghenn*
brown eyes	**braune Augen** *brown-eh ou-ghenn*
green eyes	**grüne Augen** *gr[ue]h-neh ou-ghenn*
hazel eyes	**braune Augen** *brown-eh ou-ghenn*
eyebrows	**Augenbrauen** *OU-ghenn-brown*
eyelashes	**Wimpern** *whimpern*
freckles	**Sommersprossen** *SOHMMER-shprossen*
moles	**Muttermale** *MUHTT-ehr-mah-leh*
face	**Gesicht** *gheh-SI[CH]T*

Listen Up: Nationalities

Ich bin Deutscher (m) / Deutsche (f). *Ee[ch] bin DOY-tsher / DOY-tsheh.*	I'm German.
Ich bin Österreicher (m) / Österreicherin (f). *Ee[ch] bin [OE]HS-tehr-rye-[ch]ehr / [OE]HS-tehr-rye-[ch]ehr-in.*	I'm Austrian.
Ich bin Türke (m) / Türkin (f). *Ee[ch] bin T[UE]RR-keh / T[UE]RR-kin.*	I'm Turkish.
Ich bin Schweizer (m) / Schweizerin (f). *Ee[ch] bin SHVYE-tsehr / SHVYE-tsehr-in.*	I'm Swiss.
Ich bin Italiener (m) / Italienerin (f). *Ee[ch] bin eetal-YEH-nehr / eetal-YEH-nehr-in.*	I'm Italian.
Ich bin Franzose (m) / Französin (f). *Ee[ch] bin frahnn-TSOH-seh / frahnn-TS[OE]H-sinn.*	I'm French.
Ich bin Pole (m) / Polin (f). *Ee[ch] bin POH-leh / POH-lin.*	I'm Polish.
Ich bin Tscheche (m) / Tschechin (f). *Ee[ch] bin TSHE[CH]-eh / TSHE[CH]-in.*	I'm Czech.
Ich bin Spanier (m) / Spanierin (f). *Ee[ch] bin SHPAH-nee-her / SHPAH-nee-her-in.*	I'm Spanish.
Ich bin Portugiese (m) / Portugiesin (f). *Ee[ch] bin porr-too-GHEE-seh / porr-too-GHEE-sin.*	I'm Portuguese.
Ich bin Grieche (m) / Griechin (f). *Ee[ch] bin GREE-[ch]eh / GREE-[ch]inn.*	I'm Greek.
Ich bin Niederländer (m) / Niederländerin (f). *Ee[ch] bin NEE-dair-lenn-dehr / NEE-dair-lenn-dehr-in.*	I'm Dutch.
Ich bin Belgier (m) / Belgierin (f). *Ee[ch] bin BELL-ghee-her / BELL-ghee-her-in.*	I'm Belgian.
Ich bin Däne (m) / Dänin (f). *Ee[ch] bin D[AE]H-neh / D[AE]H-nin.*	I'm Danish.

Ich bin Vietnamese (m) / Vietnamesin (f). *Ee[ch] bin vee-at-nah-MEH-seh / vee-at-nah-MEH-sin*	I'm Vietnamese.
Ich bin Nordafrikaner (m) / Nordafrikanerin (f). *Ee[ch] bin norrd-uff-ree-KAH-nehr / norrd-uff-ree-KAH-nehr-in*	I'm North African.
Ich bin Iraner (m) / Ich bin Iranerin (f). *Ee[ch] bin eeh-RAH-nehr / eeh-RAH-nehr-in.*	I'm Iranian.
Ich bin Japaner (m) / Japanerin (f). *Ee[ch] bin yah-PAH-nehr / yah-PAH-nehr.*	I'm Japanese.
Ich bin Schwede (m) / Schwedin (f). *Ee[ch] bin SHVEH-deh / SHVEH-dinn.*	I'm Swedish.
Ich bin Norweger (m) / Norwegerin (f). *Ee[ch] bin NORR-veh-gher / NORR-veh-gher-in.*	I'm Norwegian.
Ich bin Amerikaner (m) / Amerikanerin (f). *Ee[ch] bin ah-meh-rhee-KAH-nehr / ah-meh-rhee-KAH-nehr-in.*	I'm American.
Ich bin Russe (m) / Russin (f). *Ee[ch] bin RUUSS-eh / RUSS-in.*	I'm Russian.

For a full list of nationalities, see English / German dictionary.

DISPOSITIONS AND MOODS

sad	**traurig** *TROU-rig*
happy	**fröhlich** *FR[OE]H-li[ch]*
angry	**verärgert** *fehr-AIR-ghert*
tired	**müde** *M[UE]H-deh*
anxious	**besorgt** *beh-SORGHT*
confused	**verwirrt** *fehr-VIRRT*
enthusiastic	**begeistert** *beh-GYSE-tehrt*

PROFESSIONS

What do you do for a living?	**Was machen Sie beruflich?** *Vaahs mah[ch]en zee beh-ROOF-li[ch]?*
Here is my business card.	**Hier ist meine Karte.** *Heer isst my-neh KAHRR-teh.*
I am ____	**Ich bin ____** *ee[ch] bin ____*
a doctor.	**Arzt / Ärztin.** *artst / airts-tin.*
an engineer.	**Ingenieur / -in.** *in-genn- / IEUR / -in.*
a lawyer.	**Anwalt / Anwältin.** *UN-wallt / un-VELL-tin.*
a salesperson.	**Verkäufer / -in.** *fehr-KOY-fehr / -in.*
a writer.	**Autor / Autorin.** *OU-tohr / ou-TOH-rin.*
an editor.	**Redakteur / -in.** *reh-duck-T[OE]HR / -in.*
a designer.	**Designer / -in.** *designer / -in.*
an educator.	**Erzieher / -in.** *air-TSEE-hair / -in.*
an artist.	**Künstler / -in.** *K[UE]NNST-lair / -in.*
a craftsperson.	**Handwerker / -in.** *HAHNND-verr-kerr / -in.*
a homemaker.	**Hausfrau / Hausmann.** *HOUSE-frow / HOUSE-mahnn.*
an accountant.	**Buchhalter / -in.** *BOOH[CH]-hall-tehr / -in.*
a nurse.	**Krankenpfleger / -in.** *KRAHNG-ken-pfleh-gher / -in.*
a musician.	**Musiker / -in.** *MOO-sicker / -in.*

a military professional.	**beim Militär.** *byme milli-TEHR.*
a government employee.	**Regierungsangestellter.** *reh-GHEE-roongs-un-ghehshtell-tehr.*

DOING BUSINESS

I'd like an appointment.	**Ich hätte gern einen Termin.** *Ee[ch] HAT-eh ghern eye-nen tair-MEAN.*
I'm here to see ____.	**Ich habe einen Termin bei ____.** *Ee[ch] hah-beh eye-nen tair-MEAN bye ____.*
May I photocopy this?	**Kann ich das bitte kopieren?** *Khann ee[ch] dahs bit-eh koh-PEE-ren?*
May I use a computer here?	**Kann ich hier einen Computer benutzen?** *Khann ee[ch] heer eye-nen computer beh-NOOTT-sen?*
What's the password?	**Wie lautet das Kennwort?** *Vee loutet dahs KENN-vohrt?*
May I access the Internet?	**Dürfte ich bitte auf das Internet zugreifen?** *D[ue]rf-teh ee[ch] bit-eh ouf dahs internet TSOO-grye-fenn?*
May I send a fax?	**Dürfte ich bitte das Faxgerät benutzen?** *D[ue]rf-teh ee[ch] bit-eh dahs FAHXX-gheh-r[ae]ht beh-NOOTT-sen?*
May I use the phone?	**Dürfte ich bitte das Telefon benutzen?** *D[ue]rf-teh ee[ch] bit-eh dahs teh-leh-PHON beh-NOOTT-sen?*

PARTING WAYS

Keep in touch.

Lassen Sie uns in Verbindung bleiben.
Lahssen zee oons in fair-BIN-doong blye-ben.

Please write or email.

Schicken Sie mir einen Brief oder eine E-Mail.
CHIC-en zee mere eye-nen BRIEF oh-dehr eye-neh E-mail.

Here's my phone number.

Hier ist meine Telefonnummer.
Heer isst my-neh tehleh-PHON-noommer.

Call me.

Rufen Sie mich an.
Roo-fenn zee mi[ch] UN.

May I have your phone number / e-mail please?

Könnten Sie mir bitte Ihre Telefonnummer / E-Mail-Adresse geben?
K[oe]nn-ten zee mere bit-eh eeh-reh tehleh-PHON-noommer / E-mail-ah-dress-eh gheh-ben?

May I have your card?

Geben Sie mir Ihre Visitenkarte?
Gheh-ben zee mere eehre vee-SEE-ten-kahrr-teh?

Give me your address and I'll write you.

Wenn Sie mir Ihre Adresse geben, schreibe ich Ihnen.
Venn zee mere eehre ah-DRESS-eh ghehben, shryebeh ee[ch] eehnen.

TOPICS OF CONVERSATION

As in the United States or Europe, the weather and current affairs are common conversation topics.

THE WEATHER

It's so ____	**Es ist so ____** *As isst soh ____*
Is it always so ____	**Ist es immer so ____** *Isst as IM-mehr soh ____*
sunny?	**sonnig?** *sonic?*
rainy?	**regnerisch?** *REHG-nehrish?*
cloudy?	**bewölkt?** *beh-W[OE]LLKT?*
humid?	**feucht?** *foy[ch]t?*
warm?	**warm?** *vahrrm?*
cool?	**kalt?** *kahllt?*
windy?	**windig?** *VINN-digg?*
Do you know the weather forecast for tomorrow?	**Wissen Sie, wie morgen das Wetter wird?** *Vissen zee, vee MOR-ghen dahs vetter virrd?*

THE ISSUES

What do you think about ____	**Was denken Sie über ____** *Vahs dengh-kenn zee [ue]ber ____*
democracy?	**Demokratie?** *deh-moh-krah-TEE?*
socialism?	**Sozialismus?** *soh-tsee-ah-LISS-mooss?*
American Democrats?	**die Demokraten in Amerika?** *dee deh-moh-KRAH-ten in ah-MEH-ree-kah?*

American Republicans?	**die Republikaner in Amerika?** *dee reh-puh-blee-KAH-nehr in ah-MEH-ree-kah?*
monarchy?	**die Monarchie?** *dee moh-nahr-[CH]EE?*
the environment?	**die Umwelt?** *dee OOHM-vellt?*
climate change?	**den Klimawandel?** *dehn KLEEH-mah-wunn-dell?*
the economy?	**die Wirtschaft?** *dee VIRRT-shafft?*
What political party do you belong to?	**Welcher Partei gehören Sie an?** *Vell-[ch]er pahrr-TYE gheh-h[oe]ren zee un?*
What did you think of the election in ____?	**Was halten Sie von den Wahlen in ____?** *Vahs hull-ten zee vonn dehn vah-len in ____?*
What do you think of the war in ____?	**Was denken Sie über den Krieg in ____?** *Vahs dengh-kenn zee [ue]ber dehn kreegg in ____?*

RELIGION

Do you go to church / temple / mosque?	**Gehen Sie in die Kirche / den Tempel / die Moschee?** *Ghe-hen zee in dee KIRR-[ch]eh / dehn TEM-pell / dee moh-SHEHH?*
Are you religious?	**Sind Sie religiös?** *Sinnd zee reli-GY[OE]SS?*
I'm ____ / I was raised ____	**Ich bin ____ / Ich wurde ____ erzogen.** *Ee[ch] bin ____ / Ee[ch] vurr-deh ____ ehr-TSOH-ghenn.*

Protestant.	**protestantisch.** *proh-tess-TANN-tish.*
Catholic.	**katholisch.** *kah-TOH-lish.*
Jewish.	**jüdisch.** *Y[UE]H-dish.*
Muslim.	**muslimisch.** *mooss-LEE-mish.*
Buddhist.	**buddhistisch.** *boo-DISS-tish.*
Greek Orthodox.	**griechisch-orthodox.** *GREE-[ch]ish-ortodox.*
Hindu.	**hinduistisch.** *hin-doo-ISS-tish.*
agnostic.	**agnostisch.** *ahgg-NOSS-tish.*
atheist.	**atheistisch.** *ah-teh-ISS-tish.*
I'm spiritual but I don't attend services.	**Ich bin gläubig, gehe aber nicht zu Gottesdiensten.** *Ee[ch] bin GLOY-big, gheh-he ah-behr ni[ch]t tsoo GOT-tess-deensten.*
I don't believe in that.	**Ich bin nicht gläubig.** *Ee[ch] bin ni[ch]t GLOY-big.*
That's against my beliefs.	**Das ist gegen meinen Glauben.** *Dahs isst GHEH-gen my-nen GLOU-ben.*
I'd rather not talk about it.	**Darüber möchte ich eigentlich nicht sprechen.** *DAH-r[ue]h-behr m[oe][ch]-te ee[ch] eye-ghent-li[ch] ni[ch]t sprechen.*

GETTING TO KNOW SOMEONE

Following are some conversation starters.

MUSICAL TASTES

What kind of music do you like?	**Welche Art von Musik mögen Sie?** *Vell-[ch]eh ahrt fonn moo-SEEK m[oe]-ghenn zee?*
I like _____	**Ich mag _____** *Ee[ch] mahgg ____*
rock 'n' roll.	**Rock'n'Roll.** *Rock'n'Roll.*
hip hop.	**Hiphop.** *Hip hop.*
techno.	**Techno.** *Tekkno.*
Soul.	**Soul.** *soul.*
classical.	**Klassik.** *KLASSick.*
jazz.	**Jazz.** *Jazz.*
country and western.	**Country-Musik.** *Country-moo-SEEK.*
reggae.	**Reggae.** *Reggae.*
calypso.	**Calypso.** *Kah-LYPP-soh.*
opera.	**Opern.** *OH-pehrrn.*
show-tunes / musicals.	**Shows / Musicals.** *Shows / Musicals.*
New Age.	**New Age.** *New Age.*
pop.	**Pop.** *Pop.*

HOBBIES

What do you like to do in your spare time?	**Was machen Sie in Ihrer Freizeit?** *Vahs mah-[ch]en zee inn eehrer FRYE-tsait?*
I like ____	**Ich ____** *Ee[ch] ____*
playing guitar.	**spiele gern Gitarre.** *spee-leh ghern ghee-TARR-eh.*
piano.	**spiele gern Klavier.** *spee-leh ghern klah-VEER.*

For other instruments, see the English / German dictionary.

painting.	**male gern.** *MAH-leh ghern.*
drawing.	**zeichne gern.** *TSAI[CH]-neh ghern.*
dancing.	**tanze gern.** *TAHNN-tseh ghern.*
reading.	**lese gern.** *LEH-seh ghern.*
watching TV.	**sehe gern fern.** *seh-heh ghern FEHRN.*
shopping.	**gehe gern einkaufen.** *ghe-heh ghern AIHN-cow-fenn.*
going to the movies.	**gehe gern ins Kino.** *geh-heh ghern inns KEE-noh.*
hiking.	**gehe gern wandern.** *geh-heh ghern VANN-dehrn.*
camping.	**gehe gern campen.** *geh-heh ghern KAM-penn.*
hanging out.	**treffe mich gern mit Freunden.** *treff-eh mee[ch] ghern mitt FROYN-denn.*
traveling.	**reise gern.** *RYE-seh ghern.*

eating out.	**esse gern auswärts.** *ESS-eh ghern OUS-v[ae]rts.*
cooking.	**koche gern.** *KO[CH]-eh ghern.*
sewing.	**nähe gern.** *N[AE]H-heh ghern.*
sports.	**interessiere mich für Sport.** *interess-EE-reh mi[ch] f[ue]hr SHPOHRRT.*
Do you like to dance?	**Möchten Sie tanzen?** *M[oe][ch]-ten zee TAHNN-tsenn?*
Would you like to go out?	**Würden Sie gern ausgehen?** *V[ue]rr-denn zee ghern OUS-ghehhen?*
May I buy you dinner sometime?	**Darf ich Sie vielleicht mal zum Essen einladen?** *Daahrf ee[ch] zee feel-lai[ch]t mahl tsoomm ESS-en aihn-lah-denn?*
What kind of food do you like?	**Welche Art von Essen mögen Sie?** *Vell-[ch]eh ahrt fonn essen M[OE]-ghenn zee?*

For a full list of food types, see Dining in Chapter 4.

Would you like to go ____	**Würden Sie gern ____** *V[ue]rr-denn zee ghern ____*
to a movie?	**ins Kino gehen?** *inns KEE-noh ghe-hen?*
to a concert?	**zu einem Konzert gehen?** *tsooh eye-nem konn-TSEHRRT ghe-hen?*
to the zoo?	**in den Zoo gehen?** *inn dehn TSOHH ghe-hen?*
to the beach?	**an den Strand gehen?** *un dehn SHTRAHND ghe-hen?*
to a museum?	**ein Museum besuchen?** *aihn moo-SEHH-oom beh-SOO-[ch]enn?*

for a walk in the park?	**im Park spazieren gehen?** *imm PARRK shpah-TSEE-ren gheh-hen?*
dancing?	**tanzen gehen?** *TAHNN-tseh gheh-hen?*
Would you like to get ____	**Hätten Sie Lust auf ____** *Hat-ten zee LOOSST ouf ____*
lunch?	**ein Mittagessen?** *aihn MIT-tahg-essen?*
coffee?	**einen Kaffee?** *eye-nen kah-FEHH?*
dinner?	**ein Abendessen?** *aihn AH-bend-essen?*
What kind of books do you like to read?	**Welche Art von Büchern lesen Sie gern?** *Vell-[ch]eh ahrt fonn B[UE]-[ch]ern leh-senn zee ghern?*
I like ____	**Ich mag ____** *Ee[ch] mahgg ____*
mysteries.	**Mystery-Romane.** *Mystery-roh-MAH-neh.*
Westerns.	**Westernromane.** *Western-roh-MAH-neh.*
dramas.	**Dramen.** *DRAH-men.*
novels.	**Romane.** *roh-MAH-neh.*
biographies.	**Biografien.** *bee-oh-gra-FEE-hen.*
auto-biographies.	**Autobiografien.** *ou-toh-bee-oh-gra-FEE-hen.*
romance.	**Liebesgeschichten.** *LEE-bess-gheh-shi[ch]-ten.*
history.	**historische Romane.** *his-TOH-ree-sheh roh-MAH-neh.*

For dating terms, see Nightlife in Chapter 10.

CHAPTER SIX

MONEY & COMMUNICATIONS

This chapter covers money, the mail, phone, Internet service, and other tools you need to connect with the outside world.

MONEY

Do you accept ____	**Akzeptieren Sie ____** *Ahcktsep-TEEREN zee ____*
Visa / MasterCard / Discover / American Express / Diners' Club?	**Visa / MasterCard / Discover / American Express / Diners' Club?**
credit cards?	**Kreditkarten?** *Creh-DEET-kahrr-ten?*
bills?	**Scheine?** *SHY-neh?*
coins?	**Münzen?** *M[UE]NN-tsen?*
checks?	**Schecks?** *Shecks?*
travelers checks?	**Reiseschecks?** *RYE-seh-shecks?*
money transfer?	**Überweisungen?** *[Ue]h-behr-VYE-soong-en?*
May I wire transfer funds here?	**Kann ich hier Überweisungen vornehmen?** *Khann ee[ch] hear [Ue]h-behr-VYE-soong-en FOHR-neh-men?*
Would you please tell me where to find ____	**Wo finde ich hier ____** *Voh FIN-deh ee[ch] hear ____*
a bank?	**eine Bank?** *eye-neh BAHNNK?*
a credit bureau?	**ein Kreditinstitut?** *aihn creh-DEET-ins-tee-toot?*

an ATM?
einen Geldautomaten?
eye-nen GELLD-auh-toh-MAH-ten?

a currency exchange?
eine Geldwechselstube?
eye-neh GELLD-whecksel-shtoobeh?

A receipt, please.
Geben Sie mir bitte eine Quittung.
Gheh-ben zee mere bit-eh eye-neh QUIT-toong.

Would you tell me ____
Sagen Sie mir bitte ____
Sah-ghenn zee mere bit-eh ____

the exchange rate for dollars to ____?
den Wechselkurs von Dollar in ____?
dehn VECK-sell-koorrs fonn dollar in ____?

the exchange rate for pounds to ____?
den Wechselkurs von Pfund in ____?
dehn veck-sell-koorrs fonn PFOONND in ____?

Is there a service charge?
Gibt es eine Servicegebühr?
Gheebt as eye-ne SIR-viss-ghe-b[ue]hr?

May I have a cash advance on my credit card?
Könnte ich bitte eine Barauszahlung über meine Kreditkarte bekommen?
K[oe]nn-teh ee[ch] bit-eh eye-neh BAHR-ous-tsah-loonng [ue]h-behr my-neh creh-DEET-kahrr-teh beh-com-men?

Will you accept a credit card?
Akzeptieren Sie eine Kreditkarte?
Ahcktsep-teeren zee eye-neh creh-DEET-kahrr-teh?

May I have smaller bills, please.
Könnte ich bitte kleinere Scheine bekommen?
K[oe]nn-teh ee[ch] bit-eh klye-neh-reh SHY-neh beh-com-men?

Listen Up: Bank Lingo

Unterschreiben Sie bitte hier. *Oonn-tehr-shrye-ben zee bit-eh HEAR.*	Please sign here.
Hier ist Ihre Quittung. *Hear isst eeh-reh QUIT-toong.*	Here is your receipt.
Zeigen Sie mir bitte Ihren Ausweis. *Tsye-ghenn zee mere bit-eh eeh-ren OUS-vise.*	May I see your ID, please?
Wir akzeptieren Reiseschecks. *Veer ahcktsep-teeren RYE-seh-shecks.*	We accept travelers checks.
Nur gegen bar. *Noor gheh-ghen BAR.*	Cash only.

Can you make change?

Können Sie wechseln?
K[oe]nn-en zee VECK-selln?

I only have bills.

Ich habe nur Scheine.
Ee[ch] hah-beh noor SHY-neh.

Some coins, please.

Geben Sie mir bitte ein paar Münzen.
Gheh-ben zee mere bit-eh aihn paahr M[UE]NN-tsen.

PHONE SERVICE

Where can I buy or rent a cell phone?

Wo kann ich ein Mobiltelefon kaufen oder mieten?
Voh khann ee[ch] aihn moh-BEEL-tehleh-fohn COW-fenn oh-dehr MEE-ten?

ATM Machine

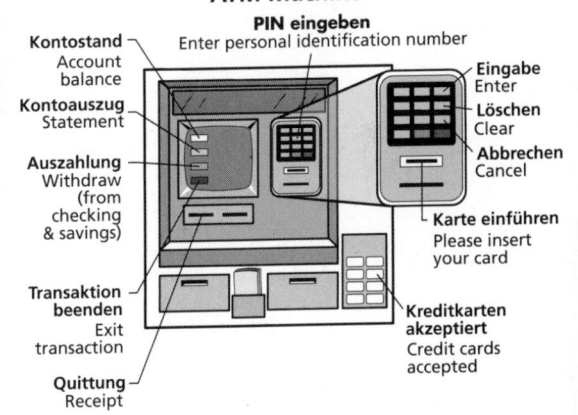

What rate plans do you have?

Welche Tarife bieten Sie an?
Vell-[ch]eh tah-REEF-eh beaten zee un?

Is this good throughout the country?

Funktioniert das im ganzen Land?
Foonk-tsee-yoh-neert dahs im GHAHNN-tsenn lahnnd?

May I have a prepaid phone?

Könnte ich bitte ein Prepaid-Telefon haben?
K[oe]nn-teh ee[ch] bit-eh aihn PRE-paid-tehleh-fohn hah-ben?

Where can I buy a phone card?

Wo kann ich eine Telefonkarte kaufen?
Voh khann ee[ch] eye-neh tehleh-FOHN-kahrr-teh cow-fehn?

May I add more minutes to my phone card?

Kann ich meine Telefonkarte aufladen?
Khann ee[ch] my-neh tehleh-FOHN-kahrr-teh ouf-lah-denn?

MAKING A CALL

May I dial direct?	**Kann ich direkt wählen?** *Khann ee[ch] dee-RECKT v[ae]h-lenn?*
Operator please.	**Die Vermittlung, bitte.** *Dee Fehr-MITT-loong, bit-eh.*
I'd like to make an international call.	**Ich möchte ein Auslandsgespräch führen.** *Ee[ch] m[oe][ch]-te aihn OUS-lahnds-gheh-shpr[ae][ch] f[ue]h-ren.*
I'd like to make a collect call.	**Ich möchte ein R-Gespräch führen.** *Ee[ch] m[oe][ch]-te aihn ERR-gheh-shpr[ae][ch] f[ue]h-ren.*
I'd like to use a calling card.	**Ich möchte eine Telefonkarte verwenden.** *Ee[ch] m[oe][ch]-te eye-neh teh-leh-FOHN-kahrr-teh fehr-venn-denn.*
Bill my credit card.	**Belasten Sie meine Kreditkarte.** *Beh-LUSS-ten zee my-neh creh-DEET-kahrr-teh.*
May I bill the charges to my room?	**Kann ich die Kosten über mein Zimmer abrechnen?** *Khann ee[ch] dee coss-ten [ue]h-behr mine TSIMMER up-re[ch]-nen?*
May I bill the charges to my home phone?	**Kann ich die Kosten über meine Telefonrechnung abrechnen?** *Khann ee[ch] dee coss-ten [ue]h-behr my-neh tehleh-FOHN-re[ch]-noonng up-re[ch]-nen?*
Information, please.	**Die Auskunft, bitte.** *Dee OUS-koonnft, bit-eh.*

Listen Up: Telephone Lingo

Hallo? *HAH-loh?*	Hello?
Welche Nummer? *Vell-[ch]eh NOOMMER?*	What number?
Es tut mir leid, die Leitung ist besetzt. *As toot mere lyde, dee lye-toong isst beh-SETTST.*	I'm sorry, the line is busy.
Legen Sie bitte auf, und wählen Sie erneut. *Leh-ghen zee bit-eh OUF, oonnd v[ae]h-len zee air-NOYT.*	Please, hang up and redial.
Leider nimmt niemand ab. *Lye-dehr nimmt nee-mahnd UP.*	I'm sorry, nobody is answering.
Auf Ihrer Karte sind noch zehn Minuten übrig. *Ouf eeh-rehr kahrr-teh sinnd noh[ch] TSEHN mee-nooh-ten [ue]h-brigg.*	Your card has ten minutes left.

I'd like the number for ____.

Ich hätte gern die Nummer von ____.
Ee[ch] hat-eh ghern dee noommer fonn ____.

I just got disconnected.

Die Verbindung wurde gerade unterbrochen.
Dee fehr-BIN-doonng vuhr-deh gheh-rah-deh oontehr-BRO[CH]-enn.

The line is busy.

Die Leitung ist belegt.
Dee lye-toonng isst beh-LEHGT.

I lost the connection.

Die Verbindung wurde unterbrochen.
Dee fehr-BIN-doonng vuhr-deh oontehr-BRO[CH]-enn.

INTERNET ACCESS

Where is an Internet café?

Wo finde ich ein Internetcafé?
Voh fin-deh ee[ch] aihn INternet-kaff-ehh?

Is there a wireless hub nearby?

Gibt es in der Nähe einen Wireless-Hub?
Gheebt as in der n[ae]h-heh eyenen WIREless-hub?

How much do you charge per minute / hour?

Wie viel kostet das pro Minute / Stunde?
Vee-feel coss-tet dahs proh mee-NOO-teh / SHTOONN-deh?

Can I print here?

Kann ich hier etwas ausdrucken?
Khann ee[ch] hear at-vahs OUS-drookk-kenn?

Can I burn a CD?

Kann ich eine CD brennen?
Khann ee[ch] eye-neh tseh-DEH brenn-en?

Would you please help me change the language preference to English?

Könnten Sie mir bitte die Sprache auf Englisch umstellen?
K[oe]nn-ten zee mere bit-eh dee shprah-[ch]eh ouf ENG-lish oomm-shtell-en?

May I scan something?

Kann ich etwas einscannen?
Khann ee[ch] at-vahs AIHN-scan-nen?

Can I upload photos?

Kann ich Fotos hochladen?
Khann ee[ch] FOH-tohs ho[ch]-lah-denn?

Do you have a USB port so I can download music?

Gibt es hier einen USB-Anschluss, damit ich Musik herunterladen kann?
Gheebt as hear eye-nen ooh-ess-BEH-un-shlooss, dah-mitt ee[ch] moo-SEEK hehrunn-tehr lah-denn khann?

Do you have a machine compatible with iTunes?

Haben Sie einen iTunes-kompatiblen Computer?
Hah-ben zee eye-nen iTUNES-comm-pah-teeblen computer?

Do you have a Mac?

Haben Sie einen Mac?
Hah-ben zee eye-nen MAC?

Do you have a PC?

Haben Sie einen PC?
Hah-ben zee eye-nen peh-TSEH?

Do you have a newer version of this software?

Haben Sie eine neuere Version dieser Software?
Hah-ben zee eye-neh noy-eh-reh verr-SYOHN dee-sehr software?

Do you have broadband?

Haben Sie einen Breitbandzugang?
Hah-ben zee eye-nen BRITE-bund-tsoo-gung?

How fast is your connection speed here?

Wie hoch ist hier die Verbindungsgeschwindigkeit?
Vee hoh[ch] isst hear dee fehr-BIN-doonngs-ghe-shvinn-digg-kite?

GETTING MAIL

Where is the post office?

Wo finde ich das Postamt?
Voh fin-deh ee[ch] dahs POSST-ahmmt?

May I send an international package?

Kann ich ein Paket ins Ausland versenden?
Khann ee[ch] aihn pah-KEHHT inns OUS-lahnd fehr-senn-den?

Do I need a customs form?

Benötige ich ein Zollformular?
Beh-n[oe]h-tiggeh ee[ch] aihn TSOLL-forr-moo-lahr?

Do you sell insurance for packages?

Bieten Sie Paketversicherungen an?
Beaten zee pah-KEHHT-fehr-si[ch]e-roong-en un?

Please, mark it fragile.	**Kennzeichnen Sie das Paket bitte als zerbrechlich.** *Kenn-tsye[ch]-nen zee dahs pah-kehht bit-eh ahlls tsaihr-BRE[CH]-li[ch].*
Please, handle with care.	**Behandeln Sie es bitte vorsichtig.** *Beh-hun-delln zee as bit-eh FOHR-si[ch]-tigg.*
Do you have twine?	**Haben Sie Paketschnur?** *Hah-ben zee pah-KEHHT-shnoor?*
Where is a DHL office?	**Wo finde ich eine DHL-Niederlassung?** *Voh fin-deh ee[ch] eye-neh deh-hah-ELL nee-dehr-lass-oong?*
Do you sell stamps?	**Verkaufen Sie Briefmarken?** *Fehr-cow-fenn zee BREEF-marr-ken?*
Do you sell postcards?	**Verkaufen Sie Postkarten?** *Fehr-cow-fenn zee POSST-kahrr-ten?*
May I send that first class?	**Kann ich das erster Klasse versenden?** *Khann ee[ch] dahs airs-tehr KLASS-eh fehr-senn-den?*
How much to send that express / air mail?	**Wie viel kostet der Expressversand / Luftpostversand?** *Vee feel coss-tet dehr ex-PRESS-fehr-sannd / LOOFFT-pohsst-fehr-sannd?*
Do you offer overnight delivery?	**Bieten Sie einen Übernachtversand an?** *Beaten zee eye-nen [ue]h-behr-NAH[CH]T-fehr-sannd un?*

Listen Up: Postal Lingo

Der Nächste, bitte! *Dehr N[AE][CH]S-teh, bit-eh!*	Next!
Stellen Sie das bitte hier ab. *Shtell-en zee dahs bit-eh HEAR up.*	Please, set it here.
Welche Klasse? *Vell-[ch]eh KLAHSS-eh?*	Which class?
Welchen Service möchten Sie? *Vell-[ch]en SIR-viss m[oe][ch]-ten zee?*	What kind of service would you like?
Was kann ich für Sie tun? *Vahss khann ee[ch] f[ue]hr zee TOON?*	How can I help you?
Abgabeschalter *UP-ghah-beh-shull-tehr*	dropoff window
Abholschalter *UP-hohl-shull-tehr*	pickup window

How long will it take to reach the United States?

Wie lange dauert der Versand in die USA?
Vee lung-eh dowert dehr fehr-sannd inn dee ohh ess AH?

I'd like to buy an envelope.

Ich möchte ein Kuvert kaufen.
Ee[ch] m[oe][ch]-teh aihn coo-VEHR cow-fen.

May I send it airmail?

Kann ich das per Luftpost senden?
Khann ee[ch] dahs pair LOOFFT-posst senn-den?

I'd like to send it certified / registered mail.

Ich möchte das als Einschreiben senden.
Ee[ch] m[oe][ch]-teh dahs ahlls AIHN-shrye-ben senn-den.

CHAPTER SEVEN

CULTURE

CINEMA

Is there a movie theater nearby?	**Gibt es hier in der Nähe ein Kino?** *Gheebt as hear in dehr n[ae]h-heh aihn KEE-noh?*
What's playing tonight?	**Was läuft heute Abend?** *Vahhs LOYFT hoy-teh ah-bend?*
Is that in English or German?	**Ist das auf Englisch oder auf Deutsch?** *Isst dahs ouf ENG-lish oh-dehr ouf doytsh?*
Are there English subtitles?	**Gibt es englische Untertitel?** *Gheebt as eng-lisheh OONN-tehr-tee-tell?*
Is the theater air conditioned?	**Ist das Kino klimatisiert?** *Isst dahs kee-noh klee-mah-tee-SEERT?*
How much is a ticket?	**Wie viel kostet eine Karte?** *Vee feel coss-tet eye-neh KAHRR-teh?*
Do you have a ____ discount?	**Gibt es einen Rabatt für ____?** *Gheebt as eye-nen rah-BAHTT f[ue]hr ____?*
senior	**Senioren** *sehn-YOH-ren*
student	**Studenten** *shtoo-DENN-ten*
children's	**Kinder** *KIN-dehr*
What time is the movie showing?	**Wann läuft der Film?** *Vahnn LOYFT dehr fillm?*

How long is the movie?
Wie lang dauert der Film?
Vee lahng DOW-ert dehr fillm?

May I buy tickets in advance?
Kann ich schon vorher Karten kaufen?
Khann ee[ch] shohn FOHR-hair kahrr-ten cow-fen?

Is it sold out?
Ist die Vorstellung ausverkauft?
Isst dee fohr-shtelloong OUS-fehr-cowft?

When does it begin?
Wann beginnt die Vorstellung?
Vahnn beh-GHINNT dee fohr-shtel-loong?

PERFORMANCES

Do you have ballroom dancing?
Gibt es hier Gesellschaftstanz?
Gheebt as hear gheh-SELL-shahfts-tunnts?

Are there any plays showing right now?
Finden derzeit irgendwelche Aufführungen statt?
Fin-den dehr-tsyte irr-ghennd-vell-[ch]eh OUF-f[ue]h-roong-en shtahtt?

Is there a dinner theater?
Gibt es hier ein Theater mit angeschlossener Gastronomie?
Gheebt as hear aihn teh-AH-tehr mitt un-gheh-shloss-ehn-er gahss-troh-noh-MEE?

Where can I buy tickets?
Wo kann ich Karten kaufen?
Voh khann ee[ch] KAHRR-ten cow-fen?

Are there student discounts?
Gibt es einen Studentenrabatt?
Gheebt as eye-nen shtoo-DENN-ten-rah-bahtt?

I need ____ seats.
Ich benötige ____ Plätze.
Ee[ch] beh-n[oe]-tiggeh ____ PL[AE]TT-seh.

For a full list of numbers, see p7.

Listen Up: Box Office Lingo

Was möchten Sie gern sehen? *Vahs m[oe][ch]-ten zee ghern SEHH-hen?*	What would you like to see?
Wie viele? *Vee FEE-leh?*	How many?
Für zwei Erwachsene? *F[ue]hr tsvaih air-VUCK-seh-neh?*	For two adults?
Mit Butter? Gesalzen? *Mitt BOOTT-ehr? Ghe-SAHLL-tsenn?*	With butter? Salt?
Darf's sonst noch was sein? *Dharrfs SONNST noh[ch] vahs syne?*	Would you like anything else?

An aisle seat.	**Einen Gangplatz, bitte.** *Eye-nen GAHNG-plahts, bit-eh.*
Orchestra seat, please.	**Einen Orchesterplatz, bitte.** *Eye-nen orr-KESS-tehr-plahts, bit-eh.*
What time does the play start?	**Wann beginnt die Vorstellung?** *Vahnn beh-GHINNT dee fohr-shtel-loong?*
Is there an intermission?	**Gibt es eine Pause?** *Gheebt as eye-neh POW-seh?*
Do you have an opera house?	**Gibt es hier ein Opernhaus?** *Gheebt as hear aihn OH-pehrrn-house?*
Is there a local symphony?	**Gibt es hier ein örtliches Symphonieorchester?** *Gheebt as hear aihn [oe]rrt-li[ch]-ess sym-foh-NEE-orr-kess-tehr?*

May I purchase tickets over the phone?
Kann ich die Karten telefonisch bestellen?
Khann ee[ch] dee kahrr-ten teh-leh-FOH-nish beh-shtellen?

What time is the box office open?
Welche Öffnungszeiten hat der Kartenschalter?
Vell-[ch]eh [OE]FF-noongs-tsye-ten hut dehr kahrr-ten-shahll-tehr?

I need space for a wheelchair, please.
Ich benötige einen Platz für einen Rollstuhl.
Ee[ch] beh-n[oe]-tiggeh eye-nen plahts f[ue]hr eye-nen ROLL-shtool.

Do you have private boxes available?
Verfügen Sie über Privatlogen?
Fehr-f[ue]h-ghenn zee [ue]h-behr pree-VAHT-loh-shen?

Is there a church that gives concerts?
Gibt es hier eine Kirche, in der Konzerte gegeben werden?
Gheebt as hear eye-neh kirr-[ch]eh, inn dehr con-TSERR-teh gheh-gheh-ben vehr-denn?

A program, please.
Ein Programm, bitte.
Aihn proh-GRAHMM, bit-eh.

Please show us to our seats.
Zeigen Sie uns bitte unsere Plätze.
Tsye-ghenn zee oonns bit-eh oonn-seh-reh PL[AE]TT-seh.

MUSEUMS, GALLERIES & SIGHTS

Do you have a museum guide?
Haben Sie einen Museumsführer?
Hah-ben zee eye-nen moo-SEHH-ooms-f[ue]h-rehr?

Do you have guided tours?
Bieten Sie Fremdenführungen an?
Beaten zee FREMM-denn-f[ue]h-roongen un?

What are the museum hours?	**Wann hat das Museum geöffnet?** *Vahnn hut dahs moo-sehh-oom gheh-[OE]FF-net?*
Do I need an appointment?	**Benötige ich einen Termin?** *Beh-n[oe]-tiggeh ee[ch] eye-nen tehr-MEEN?*
What is the admission fee?	**Wie hoch ist der Eintrittspreis?** *Vee hoh[ch] isst dehr AIHN-tritts-pryes?*
Do you have ____	**Haben Sie ____?** *Hah-ben zee ____?*
student discounts?	**Studentenrabatte?** *shtoo-DENN-ten-rah-bahtt-eh?*
senior discounts?	**Seniorenrabatte?** *senn-YOH-ren-rah-bahtt-eh?*
Do you have services for the hearing impaired?	**Haben Sie Angebote für Hörgeschädigte?** *Hah-ben zee UN-gheh-boh-teh f[ue]r H[OE]R-gheh-sh[ae]h-digg-teh?*
Do you have audio tours in English?	**Werden Audioführungen in englischer Sprache angeboten?** *Vehr-denn OW-dee-ohh-f[ue]h-roongen in eng-lisher SHPRAH-[ch]eh un-gheh-boh-ten?*

CHAPTER EIGHT

SHOPPING

This chapter covers the phrases you'll need to shop in a variety of settings, from the mall to the town square artisan market. We also threw in the terminology you'll need to visit the barber or hairdresser.

For coverage of food and grocery shopping, see p89.

GENERAL SHOPPING TERMS

Please tell me ____	**Könnten Sie mir bitte sagen, ____** *K[oe]nn-ten zee mere bit-eh SAH-ghenn, ____*
how to get to a mall?	**wie ich zu einem Einkaufszentrum komme?** *ee[ch] tsoo eye-nem AIHN-cowfs-tsenn-troom kom-meh?*
the best place for shopping?	**wo man hier am besten Shoppen kann?** *voh mahn hear um bess-ten SHOPPEN khann?*
how to get downtown?	**wie ich in die Stadt komme?** *vee ee[ch] inn dee SHTAHTT kom-meh?*
Where can I find a ____	**Wo finde ich ____** *Voh fin-deh ee[ch] ____*
shoe store?	**ein Schuhgeschäft?** *aihn SHOO-gheh-sh[ae]fft?*
men's / women's / children's clothing store?	**ein Bekleidungsgeschäft für Herren / Damen / Kinder?** *aihn beh-KLYE-doongs-gheh-sh[ae]fft f[ue]hr HERR-en / DAH-menn / KIN-dehr?*

designer fashion shop?	**ein Geschäft mit Designermode?** *aihn gheh-SH[AE]FFT mitt designer-moh-deh?*
vintage clothing store?	**ein Second-Hand-Geschäft?** *aihn second-HAND-gheh-sh[ae]fft?*
jewelry store?	**einen Juwelier?** *eye-nen you-vehll-LEER?*
bookstore?	**eine Buchhandlung?** *eye-neh BOO[CH]-hahnd loong?*
toy store?	**ein Spielwarengeschäft?** *aihn SHPEEL-vah-ren-gheh-sh[ae]fft?*
stationery store?	**eine Schreibwarenhandlung?** *eye-neh SHRYEB-vah-ren-hahndloong?*
antique shop?	**einen Antiquitätenhändler?** *eye-nen ahnnti-quee-T[AE]H-ten-hen-dlehr?*
cigar shop?	**einen Tabakladen?** *eye-nen TAH-buck-lah-denn?*
souvenir shop?	**ein Souvenirgeschäft?** *aihn souveNIR-gheh-sh[ae]fft?*
Where can I find a flea market?	**Wo finde ich einen Flohmarkt?** *Voh finn-deh ee[ch] eye-nen FLOHH-marrkt?*

CLOTHES SHOPPING

I'd like to buy ____	**Ich möchte ____ kaufen.** *Ee[ch] m[oe][ch]-teh ____ cow-fen.*
men's shirts.	**Herrenhemden** *HERR-en-hem-denn*

women's shoes.	**Damenschuhe** *DAH-menn-shoo-heh*
children's clothes.	**Kinderbekleidung** *KIN-dehr-beh-klye-doong*
toys.	**Spielwaren** *SHPEEL-vah-ren*

For a full list of numbers, see p7.

I'm looking for a size ____	**Ich suche etwas in Größe ____** *Ee[ch] SOO-[ch]eh at-vahs inn gr[oe]sseh ____*
small.	**S.** *ess.*
medium.	**M.** *emm.*
large.	**L.** *ell.*
extra-large.	**XL.** *ICKS ell.*
I'm looking for ____	**Ich suche ____** *Ee[ch] SOO-[ch]eh ____*
a silk blouse.	**eine Seidenbluse.** *eye-neh SYE-denn-bloo-seh.*
cotton pants.	**eine Baumwollhose.** *BOWM-voll-hoh-seh.*
a hat.	**einen Hut.** *eye-nen HOOT.*
sunglasses.	**eine Sonnenbrille.** *eye-neh SONN-en-brrill-eh.*
underwear.	**Unterwäsche.** *OONN-tehr-v[ae]sh-eh.*
cashmere.	**nach etwas aus Kaschmir.** *nah[ch] at-vahs ous KHASH-mere.*
socks.	**nach Socken.** *nah[ch] SOKKEN.*
sweaters.	**nach Pullovern.** *nah[ch] pull-OH-vehrn.*

a coat.	**eine Jacke.** *eye-ne YAKK-eh.*
a swimsuit.	**einen Badeanzug.** *eye-nen BAH-deh-un-tsoog.*
May I try it on?	**Kann ich das anprobieren?** *Khann ee[ch] dahs UN-proh-bee-ren?*
Do you have fitting rooms?	**Haben Sie Umkleidekabinen?** *Hah-ben zee OOMM-klye-deh-kah-bee-nen?*
This is ____	**Das ist ____** *Dahs isst ____*
too tight.	**zu eng.** *tsoo ENNG.*
too loose.	**zu weit.** *tsoo VYTE.*
too long.	**zu lang.** *tsoo LAHNGG.*
too short.	**zu kurz.** *tsoo KOORRTS.*

This fits great!	**Das passt gut!** *Dahs pahsst GOOT!*
Thanks, I'll take it.	**Danke, das nehme ich.** *Dunk-eh, dahs NEH-meh ee[ch].*
Do you have that in ____	**Haben Sie das ____** *Hah-ben zee dahs ____*
a smaller / larger size?	**kleiner / größer?** *KLYE-nehr / GR[OE]-ssehr?*
a different color?	**in einer anderen Farbe?** *inn eye-nehr un-deh-ren FARR-beh?*
How much is it?	**Wie viel kostet das?** *Vee feel COSS-tet dahs?*

ARTISAN MARKET SHOPPING

Is there a craft / artisan market?	**Gibt es hier einen Handwerksmarkt / Künstlermarkt?** *Gheebt as hear eye-nen HAHNND-vehrrks-marrkt / K[UE]NNST-lehr-marrkt?*

That's beautiful. May I look at it?

Das ist wunderschön. Darf ich mir das näher ansehen?
Dahs isst voohn-dehr-SH[OE]HN. Dharrf ee[ch] mere dahs N[AE]-hehr un-seh-hen?

When is the farmers' market open?

Wann hat der Bauernmarkt geöffnet?
Vahnn hut dehr BOW-errn-marrkt gheh-[OE]FF-net?

Is that open every day of the week?

Ist das die ganze Woche über geöffnet?
Isst dahs dee GHANN-tseh voh-[ch]eh [ue]h-behr ghe-[oe]ff-net?

How much does that cost?

Wie viel kostet das?
Vee feel COSS-tet dahs?

That's too expensive.

Das ist zu teuer.
Dahs isst tsoo TOY-ehr.

How much for two?

Wie viel für zwei Stück?
Vee feel f[ue]hr TSVAIH sht[ue]ck?

Do I get a discount if I buy two or more?

Bekomme ich einen Nachlass, wenn ich zwei oder mehr kaufe?
Beh-com-meh ee[ch] eye-nen NA[CH]-lahss, venn ee[ch] tsvaih oder mehhr cow-feh?

Do I get a discount if I pay in cash?

Bekomme ich einen Nachlass bei Barzahlung?
Beh-com-meh ee[ch] eye-nen na[ch]-lahss bye BAAR-tsah-loong?

No thanks, maybe I'll come back.

Nein, danke. Vielleicht komme ich später nochmal vorbei.
Nine, dunk-eh, feel-lye[ch]t kom-meh ee[ch] SHP[AE]-tehr noh[ch]-mahl fohr-bye.

Listen Up: Market Lingo

Wenden Sie sich bei Fragen zu den Artikeln an das Personal. *Venn-denn zee see[ch] by FRAH-ghenn tsoo dehn arr-TEE-kelln un dahs perr-soh-NAHL.*	Please ask for help before handling goods.
Hier ist Ihr Wechselgeld. *Hear isst eehr VECK-sell-gelld.*	Here is your change.
Zwei für vierzig, der Herr. *Tsvaih f[ue]hr FEER-tsigg, dehr herr.*	Two for forty, sir.

Would you take €____?	**Sagen wir ____ Euro?** *Sah-ghen veer ___ OY-roh?*

For a full list of numbers, see p7.

That's a deal!	**Abgemacht!** *UP-gheh-mah[ch]t!*
Do you have a less expensive one?	**Haben Sie eine günstigere Ausführung?** *Hah-ben zee eye-neh GH[UE]NS-tee-gheh-reh ous-f[ue]h-roong?*
Is there tax?	**Fällt Steuer an?** *F[ae]llt SHTOYER un?*
May I have the VAT forms? (Europe only)	**Könnte ich bitte die Formulare für die Mehrwertsteuer haben?** *K[oe]nn-teh ee[ch] bit-eh dee fohr-moo-LAAH-reh f[ue]hr dee MEHHR-vehrt-shtoyer hah-ben?*

BOOKSTORE / NEWSSTAND SHOPPING

Is there a ____ nearby?	**Gibt es in der Nähe ____ ?** *Gheebt as inn dehr n[ae]h-heh ____?*
a bookstore	**eine Buchhandlung** *eye-neh BOO[CH]-hahnd loong*
a newsstand	**einen Zeitungsstand** *eye-nen TSITE-oongs-shtahnd*
Do you have ____ in English?	**Haben Sie ____ in englischer Sprache?** *Hah-ben zee ____ in eng-lisher SHPRAH-[ch]eh?*
books	**Bücher** *B[ue]h-[ch]ehr*
newspapers	**Zeitungen** *Tsite-oong-en*
magazines	**Zeitschriften** *Tsite-shriff-ten*
books about local history	**Bücher zur örtlichen Geschichte** *B[ue]h-[ch]ehr tsoor [oe]rrt-li[ch]-en gheh-SHI[CH]-teh*
picture books	**Bilderbücher** *BILL-dehr-b[ue]h-[ch]ehr*

SHOPPING FOR ELECTRONICS

With some exceptions, shopping for electronic goods in Germany, Switzerland or Austria is generally not recommended. Many DVDs, CDs, and other products contain different signal coding from that used in the United States or Canada, to help deter piracy. In addition, electronic goods are generally more expensive than in the United States or Canada. They can be even more epensive if the exchange rate is high.

Can I play this in the United States?

Lässt sich das in den USA abspielen?
L[ae]sst zee[ch] dahs inn dehn ohh ess AH up-shpee-len?

Will this game work on my game console in the United States?

Funktioniert dieses Spiel auf meiner Spielekonsole in den USA?
Foonnk-tsee-yoh-NEERT dee-sehs shpeel ouf minor SHPEE-leh-con-soh-leh inn dehn ohh ess AH?

Do you have this in a U.S. market format?

Haben Sie das in einem US-kompatiblen Format?
Hah-ben zee dahs in eye-nem ohh ESS-com-pah-tee-blenn forr-MAHT?

Can you convert this to a U.S. market format?

Können Sie das in ein US-kompatibles Format umwandeln?
K[oe]n-nen zee dahs inn aihn ohh ESS-com-pah-tee-bles forr-maht OOMM-vahnn-delln?

Will this work with a 110 VAC adapter?

Funktioniert das mit einem 110-Volt-Adapter?
Foonnk-tsee-yoh-NEERT dahs mit eye-nem hoon-dehrt-tsehn-VOLLT ah-dahpp-tehr?

Do you have an adapter plug for 110 to 220?

Haben Sie einen Adapterstecker von 110 auf 220 Volt?
Hah-ben zee eye-nen ah-DAHPP-tehr-shteck-ehr fonn hoon-dehrt-TSEHN ouf tsvaih-honn-dehrt-TSVANN-tsigg vollt?

Do you sell electronics adapters here?

Gibt es hier Elektronikadapter?
Gheebt as hear ehlec-TROH-nick-ah-dahpp-tehr?

Is it safe to use my laptop with this adapter?
Kann ich mein Notebook mit diesem Adapter betreiben?
Khann ee[ch] mine NOTE-book mitt dee-sem ah-dahpp-tehr beh-TRYE-ben?

If it doesn't work, may I return it?
Kann ich den Artikel zurückgeben, wenn er nicht funktioniert?
Khann ee[ch] dehn arr-tee-kell tsoo-R[UE]CK-gheh-ben, venn air ni[ch]t foonnk-tsee-yoh-NEERT?

May I try it here in the store?
Kann ich den Artikel hier im Laden ausprobieren?
Khann ee[ch] dehn arr-tee-kell hear im lah-denn OUS-proh-bee-ren?

AT THE BARBER / HAIRDRESSER

Do you have a style guide?
Haben Sie einen Frisurenkatalog?
Hah-ben zee eye-nen frree-SOO-ren-kah-tah-lohg?

A trim, please.
Schneiden, bitte.
SHNYE-denn, bit-eh.

I'd like it bleached.
Ich hätte mein Haar gern blondiert.
Ee[ch] hat-teh mine haahr ghern blonn-DEERT.

Would you make the color ____
Könnten Sie die Farbe bitte ____
K[oe]nn-ten zee dee fahrr-beh bit-eh ____

darker?
dunkler machen?
DOONNK-lehr mah[ch]-en?

lighter?
heller machen?
HELL-ehr mah[ch]-en?

Would you just touch it up a little?
Könnten Sie es bitte nur ein wenig nachschneiden?
K[oe]nn-ten zee as bit-eh noohr aihn veh-nigg NAH[CH]-shnye-denn?

I'd like it curled.
Ich hätte mein Haar gern gelockt.
Ee[ch] hat-teh mine haahr ghern gheh-LOCKT.

Do I need an appointment?
Benötige ich einen Termin?
Beh-n[oe]-tiggeh ee[ch] eye-nen tehr-MEEN?

Wash, dry, and set.
Waschen, Trocknen und Legen.
VAHSH-en, TROKK-nen oonnd LEH-ghenn.

Do you do permanents?
Kann ich bei Ihnen eine Dauerwelle bekommen?
Khann ee[ch] by eeh-nen eye-neh DOWER-vell-eh beh-com-men?

May I make an appointment?
Ich hätte gern einen Termin.
Ee[ch] hat-eh ghern eye-nen tehr-MEEN.

Please use low heat.
Bitte nicht zu heiß.
Bit-eh ni[ch]t tsoo HYE-ss.

Please don't blow dry it.
Bitte nicht trockenföhnen.
Bit-eh ni[ch]t TROKK-en-f[oe]h-nen.

Please dry it curly / straight.
Föhnen Sie die Haare bitte lockig / glatt.
F[oe]h-nen zee dee haah-reh bit-eh LOCK-igg / GLAHTT.

Would you fix my braids?
Könnten Sie sich bitte um meinen Zopf kümmern?
K[oe]nn-ten zee see[ch] bit-eh oomm my-nen TSOPF k[ue]m-mehrn?

Would you fix my highlights?	**Könnten Sie sich bitte um meinen Strähnen kümmern?** *K[oe]nn-ten zee see[ch] bit-eh oomm my-neh SHTR[AE]H-nen k[ue]m-mehrn?*
Do you wax?	**Bieten Sie Enthaarungen an?** *Beaten zee ent-HAAH-roongen un?*
Please wax my ____	**Bitte enthaaren Sie meine ____** *Bit-eh ent-haah-ren zee my-neh*
legs.	**Beine.** *BY-neh.*
bikini line.	**Bikinilinie.** *bee-KEE-nee-lee-nee-eh.*
eyebrows.	**Augenbrauen.** *OW-ghenn-brown.*
under my nose.	**Oberlippe.** *OH-behr-lipp-eh.*
Please trim my beard.	**Trimmen Sie bitte meinen Bart.** *Trimmen zee bit-eh my-nen BAHRRT.*
A shave, please.	**Rasieren, bitte.** *Rah-SEE-ren, bit-eh.*
Use a fresh blade please.	**Verwenden Sie bitte eine neue Klinge.** *Fair-venn-denn zee bit-eh eye-neh noy-eh KLING-eh.*
Sure, cut it all off.	**Klar, schneiden Sie ruhig alles ab.** *Klahr, shnye-denn zee ROO-higg ull-es up.*

CHAPTER NINE
SPORTS & FITNESS

GETTING FIT

Is there a gym nearby?
Gibt es ein Fitnessstudio in der Nähe?
Gheebt as aihn FIT-ness-shtoo-dee-oh inn dehr n[ae]h-heh?

Do you have free weights?
Haben Sie Hanteln und Gewichte?
Hah-ben zee HAHN-teln oond gheh-WI[CH]-teh?

I'd like to go for a swim.
Ich möchte gern schwimmen gehen.
Ee[ch] m[oe][ch]-teh ghern SHVIMM-en gheh-hen.

Do I have to be a member?
Muss ich Mitglied sein?
Mooss ee[ch] MITT-gleed syne?

May I come here for one day?
Kann ich Ihr Angebot an einem einzelnen Tag nutzen?
Khann ee[ch] eehr un-gheh-boht un eye-nem AIHN-tsell-nen tahgg noott-senn?

How much does a membership cost?
Wie viel kostet die Mitgliedschaft?
Vee feel coss-tet dee MITT-gleed-shufft?

I need to get a locker please.
Ich hätte gern einen Spind.
Ee[ch] hat-eh ghern eye-nen SHPINNT.

Do you have a lock?
Haben Sie ein Schloss?
Hah-ben zee aihn SHLOSS?

Do you have a treadmill?
Haben Sie ein Laufband?
Hah-ben zee aihn LOUF-bund?

Do you have a stationary bike?
Haben Sie ein Trainingsrad?
Hah-ben zee aihn TRAI-nings-rahd?

Do you have squash / American handball courts?
Haben Sie einen Squashplatz / Platz für American Handball?
Hah-ben zee eye-nen SQUASH-plahts / plahts f[ue]hr american HAND-ball?

Are they indoors?
In der Halle?
Inn dehr HULL-eh?

I'd like to play tennis.
Ich würde gern Tennis spielen.
Ee[ch] v[ue]rr-deh ghern TEN-nis shpee-len.

Would you like to play?
Möchten Sie gern spielen?
M[oe][ch]-ten zee ghern SHPEE-len?

I'd like to rent a racquet.
Ich würde gern einen Schläger mieten.
Ee[ch] v[ue]rr-deh ghern eye-nen SHL[AE]h-gher meeten.

I need to buy some ____
Ich benötige ____
Ee[ch] beh-n[oe]-tiggeh ____

new balls.
neue Bälle.
noy-eh B[AE]LL-eh.

safety glasses.
eine Schutzbrille.
eye-neh SHOOTTS-brill-eh.

May I rent a court for tomorrow?	**Kann ich für morgen einen Platz mieten?** *Khann ee[ch] f[ue]r morr-ghenn eye-nen PLAHTS meeten?*
May I have clean towels?	**Könnte ich bitte saubere Handtücher bekommen?** *K[oe]nn-teh ee[ch] bit-eh sow-beh-reh HAHND-t[ue]h-[ch]ehr beh-com-men?*
Where are the showers / locker-rooms?	**Wo finde ich die Duschen / Umkleiden?** *Voh fin-deh ee[ch] dee DOO-shenn / OOMM-klye-denn?*
Do you have a workout room for women only?	**Haben Sie einen Trainingsraum für Frauen?** *Hah-ben zee eye-nen trainings-roum f[ue]hr FROW-en?*
Do you have aerobics classes?	**Bieten Sie Aerobic-Kurse an?** *Bee-ten zee aeRObic-koorr-seh un?*
Do you have a women's pool?	**Haben Sie einen Pool für Frauen?** *Hah-ben zee eye-nen pool f[ue]hr FROW-en?*
Let's go for a jog.	**Gehen wir eine Runde joggen.** *Gheh-hen veer eye-neh roonn-deh JOG-en.*
That was a great workout.	**Das war ein großartiges Training.** *Dahs vahr aihn GROHS-arr-tee-ghess training.*

CATCHING A GAME

Where is the stadium?	**Wo finde ich das Stadion?** *Voh fin-deh ee[ch] dahs SHTAH-dee-on?*
Who is your favorite player?	**Wer ist Ihr Lieblingsspieler?** *Vehr isst eehr LEEB-links-shpeel-er?*
Who is the best goalie?	**Wer ist der beste Torwart?** *Vehr isst dehr bess-teh TOHR-wahrrt?*
Where can I watch a soccer game?	**Wo kann ich ein Fußballspiel sehen?** *Voh khann ee[ch] aihn FOOSS-bahl-speel seh-en?*
Where can I see a volleyball game?	**Wo kann ich ein Volleyballspiel sehen** *Voh khann ee[ch] aihn VOL-ley-bahl-speel seh-en?*
Are there any women's teams?	**Gibt es Frauenteams?** *Gheebt as FROW-en-teams?*
Do you have any amateur / professional teams?	**Gibt es hier Amateurteams / Profiteams?** *Gheebt as hear ama-TEUR-teams / PROH-fee-teams?*

Is there a game I could play in?	**Gibt es ein Spiel, bei dem ich mitspielen kann?** *Gheebt as aihn shpeel, by dehm ee[ch] MITT-shpee-len khann?*
Which is the best team?	**Welches Team ist das beste?** *Vell-[ch]ess team isst dahs BESS-teh?*
Will the game be on television?	**Wird das Spiel im Fernsehen übertragen?** *Virrd dahs shpeel im FEHRN-sehh-hen [ue]h-behr-trah-ghenn?*
Where can I buy tickets?	**Wo kann ich Karten kaufen?** *Voh khann ee[ch] KAHRR-ten cow-fen?*
The best seats, please.	**Die besten Plätze, bitte.** *Dee bess-ten PL[AE]TT-seh, bit-eh.*
The cheapest seats, please.	**Die billigsten Plätze, bitte.** *Dee bill-igg-sten PL[AE]TT-seh, bit-eh.*
How close are these seats?	**Wie nah sind diese Plätze?** *Vee NAH sinnd dee-seh pl[ae]tt-seh?*
May I have box seats?	**Könnte ich bitte Logenplätze haben?** *K[oe]nn-teh ee[ch] bit-eh LOH-shen-pl[ae]tt-seh hah-ben?*
Wow! What a game!	**Wow! Was für ein Spiel!** *Wow! VAHS f[ue]hr aihn shpeel!*
Go Go Go!	**Los, los, los!** *LOHS, LOHS, LOHS!*
Oh No!	**Oh nein!** *Oh NINE!*
Give it to them!	**Gebt ihnen Saures!** *Ghehbt eeh-nen SOW-ress!*

Go for it!

Auf geht's!
OUF ghehts!

Score!

Tor!
TOHHR!

What's the score?

Wie lautet der Spielstand?
Vee loutet dehr SHPEEL-shtahnd?

Who's winning?

Wer gewinnt?
Vehr gheh-VINNT?

HIKING

Where can I find a guide to hiking trails?

Wo finde ich einen Führer für Wandertouren?
Voh fin-deh ee[ch] eye-nen f[ue]h-rehr f[ue]hr VAHNN-dehr-touren?

Do we need to hire a guide?

Benötigen wir einen Führer?
Beh-n[oe]-tiggen veer eye-nen F[UE]H-rehr?

Where can I rent equipment?

Wo kann ich Ausrüstung mieten?
Voh khann ee[ch] OUS-r[ue]ss-toong meeten?

Do they have rock climbing there?

Gibt es hier eine Möglichkeit zum Felsenklettern?
Gheebt as hear eye-neh m[oe]g-lee[ch]-kite tsoom FELL-senn-klet-tern?

We need more ropes and carabiners.
Wir benötigen mehr Seile und Karabiner.
Veer beh-n[oe]-tiggen mehhr SYE-leh oonnd kah-rah-BEE-nehr.

Where can we go mountain climbing?
Wo können wir hier bergsteigen?
Voh k[oe]n-nen veer hear BEHRRG-shtye-ghenn?

Are the routes ____
Sind die Routen ____
Sinnd dee roo-ten ____

well marked?
gut gekennzeichnet?
goot gheh-KENN-tsye[ch]-net?

in good condition?
in gutem Zustand?
inn goo-tem TSOO-shtahnd?

What is the altitude there?
Wie hoch ist es dort?
Vee HOH[CH] isst as dohrrt?

How long will it take?
Wie lange dauert die Tour?
Vee lahng-eh DOWERT dee tour?

Is it very difficult?
Ist die Tour sehr schwierig?
Isst dee tour sehr SHVEE-rigg?

I'd like a challenging climb but I don't want to take oxygen.
Ich möchte eine herausfordernde Tour unternehmen, aber keine Sauerstoffflaschen mitnehmen.
Ee[ch] m[oe][ch]-teh eye-neh heh-ROUS-forr-derrn-deh tour oonntehr-neh-men, ah-behr kye-neh SOUER-shtoff-flahshenn mitt-neh-men.

I want to hire someone to carry my excess gear.
Ich möchte einen Träger für meine Zusatzausrüstung engagieren.
Ee[ch] m[oe][ch]-teh eye-nen tr[ae]-ghehr f[ue]hr my-ne TSOO-sutts-ous-r[ue]ss-toong ong-ghah-SHEE-ren.

We don't have time for a long route.	**Wir haben nicht genügend Zeit für eine lange Tour.** *Veer hah-ben ni[ch]t gheh-n[ue]h-ghennd TSITE f[ue]hr eye-ne lahng-eh tour.*
I don't think it's safe to proceed.	**Ich denke, wir sollten aus Sicherheitsgründen nicht weitergehen.** *Ee[ch] dehng-keh, veer soll-ten ous SI[CH]-ehr-hytes-gr[ue]nn-den nee[ch]t VYE-tehr-gheh-hen.*
Do we have a backup plan?	**Haben wir einen Notfallplan?** *Hah-ben veer eye-nen NOHT-fahll-plahn?*
If we're not back by tomorrow, send a search party.	**Sollten wir bis morgen nicht zurück sein, schicken Sie einen Suchtrupp.** *Soll-ten veer biss morr-ghenn nee[ch]t tsoo-R[UE]CK syne, shick-en zee eye-nehn SOO[CH]-troopp.*
Are the campsites marked?	**Sind die Zeltplätze gekennzeichnet?** *Sinnd dee tsellt-pl[ae]tt-seh gheh-KENN-tsye[ch]-net?*
Can we camp off the trail?	**Können wir abseits der Strecke campieren?** *K[oe]nn-en veer UP-sites dehr shtrek-keh cumpeeren?*
Is it okay to build fires here?	**Ist hier Feuermachen erlaubt?** *Isst hear foyer-mah-[ch]en air-LOUBT?*
Do we need permits?	**Benötigen wir eine Genehmigung?** *Beh-n[oe]-tiggen veer eye-ne gheh-NEH-mee-goong?*

For more camping terms, see p70.

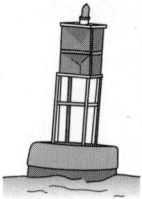

BOATING OR FISHING

When do we sail?
Wann legen wir ab?
Vahnn leh-ghenn veer UP?

Where are the life preservers?
Wo befinden sich die Schwimmwesten?
Voh beh-fin-den si[ch] dee SHVIMM-vess-ten?

Can I purchase bait?
Kann ich Köder kaufen?
Khann ee[ch] K[OE]H-dehr cow-fen?

Can I rent a pole?
Kann ich eine Angel leihen?
Khann ee[ch] eye-neh UNG-ell lye-hen?

How long is the voyage?
Wie lang dauert die Reise?
Vee lahng DOW-ert dee rye-seh?

Are we going up river or down?
Fahren wir flussauf- oder flussabwärts?
Fah-ren veer flooss-OUF oh-dehr flooss-UP-v[ae]rrts?

How far are we going?
Wie weit fahren wir?
Vee vite FAH-ren veer?

How fast are we going?
Wie schnell fahren wir?
Vee SHNELL fah-ren veer?

How deep is the water here?
Wie tief ist das Wasser hier?
Vee teef isst dah VAHS-ser hear?

I got one!	**Ich hab einen!** *Ee[ch] HUB eye-nen!*
I can't swim.	**Ich kann nicht schwimmen.** *Ee[ch] khann nee[ch]t SHVIMM-men.*
Can we go ashore?	**Können wir an Land gehen?** *K[oe]nn-en veer un LAHNND gheh-hen?*

For more boating terms, see p54.

DIVING

I'd like to go snorkeling.	**Ich würde gern schnorcheln gehen.** *Ee[ch] v[ue]rr-deh ghern SHNORR-[ch]elln gheh-hen.*
I'd like to go scuba diving.	**Ich würde gern mit Atemgerät tauchen gehen.** *Ee[ch] v[ue]rr-deh ghern mitt AH-tehm-gheh-r[ae]ht TOU-[ch]enn gheh-hen.*
I have a NAUI / PADI certification.	**Ich habe ein NAUI / PADI-Zertifikat.** *Ee[ch] hah-beh aihn NAUI / PADI-tserr-tee-fee-KAHT.*
I need to rent gear.	**Ich muss Ausrüstung mieten.** *Ee[ch] mooss OUS-r[ue]ss-toong meeten.*
We'd like to see some shipwrecks if we can.	**Wir würden gern ein paar Wracks sehen.** *Veer v[ue]rr-den ghern aihn paahr VRRAHCKS seh-hen.*
Are there any good reef dives?	**Gibt es hier schöne Riffe zum Tauchen?** *Gheebt as hear sh[oe]h-neh riff-eh tsoomm TOU-[ch]en?*

I'd like to see a lot of sea-life.
Ich möchte gern viel von der Unterwasserwelt sehen.
Ee[ch] m[oe][ch]-teh ghern feel fonn dehr oonter-VAHS-sehr-vellt seh-hen.

Are the currents strong?
Ist die Strömung stark?
Isst dee shtr[oe]h-moonng SHTARRK?

How clear is the water?
Wie klar ist das Wasser?
Vee klaar isst dahs VAHS-sehr?

I want / don't want to go with a group.
Ich möchte gern / nicht mit einer Gruppe tauchen.
Ee[ch] m[oe][ch]-teh ghern / nee[ch]t mitt eye-ner GROOPP-eh tou-[ch]en.

Can we charter our own boat?
Können wir ein eigenes Boot chartern?
K[oe]nn-en veer aihn EYE-ghenn-es boht chartehrn?

SURFING

I'd like to go surfing.
Ich würde gern surfen gehen.
Ee[ch] v[ue]rr-deh ghern SUR-fen gheh-hen.

Are there any good beaches?
Gibt es hier schöne Strände?
Gheebt as hear sh[oe]h-neh SHTR[AE]N-deh?

Can I rent a board?
Kann ich ein Surfbrett leihen?
Khann ee[ch] aihn SURF-brrett lye-hen?

How are the currents?
Wie ist die Strömung?
Vee isst dee SHTR[OE]H-moonng?

How high are the waves?
Wie hoch sind die Wellen?
Vee hoh[ch] sinnd dee VELL-ehn?

Is it usually crowded?
Sind viele Menschen dort?
Sinnd FEE-leh menn-shenn dohrrt?

Are there facilities on that beach?
Gibt es Einrichtungen an diesem Strand?
Gheebt as AIHN-ri[ch]-toong-en un dee-sem shtrahnd?

Is there wind surfing there also?
Ist dort auch Windsurfing möglich?
Isst dohrrt ouh[ch] WIND-surfing m[oe]h-gli[ch]?

GOLFING

I'd like to reserve a tee-time, please.
Ich möchte eine Tee-Time reservieren.
Ee[ch] m[oe][ch]-teh eye-neh TEE-time reh-sehr-vee-renn.

Do we need to be members to play?
Müssen wir Mitglied sein, um spielen zu dürfen?
M[ue]ss-ehn veer MITT-gleed syne, oomm shpee-len tsoo d[ue]rr-fen?

How many holes is your course?
Wie viele Löcher hat Ihr Platz?
Vee fee-leh l[oe][ch]-ehr hut eehr PLAHTS?

What is par for the course?
Wie hoch ist das Par auf diesem Platz?
Vee hoh[ch] isst dahs PAAR ouf dee-sem plahts?

I need to rent clubs.
Ich möchte Schläger mieten.
Ee[ch] m[oe][ch]-teh SHL[AE]H-ghehr meeten.

I need to purchase a sleeve of balls.
Ich möchte Golfbälle kaufen.
Ee[ch] m[oe][ch]-teh GOLLF-b[ae]ll-eh cow-fen.

I need a glove.
Ich benötige einen Handschuh.
Ee[ch] beh-n[oe]h-tiggeh eye-nen HAHND-shoo.

I need a new hat.
Ich brauche einen neuen Hut.
Ee[ch] brow-[ch]eh eye-nen noy-en HOOT.

Do you require soft spikes?
Muss ich weiche Spikes tragen?
Mooss ee[ch] VYE-[ch]eh spikes trah-ghenn?

Do you have carts?
Haben Sie Golfwägen?
Hah-ben zee GOLLF-v[ae]h-ghenn?

I'd like to hire a caddy.
Ich würde gern einen Caddy mieten.
Ee[ch] v[ue]rr-deh ghern eye-nen CADDY meeten.

Do you have a driving range?
Haben Sie eine Driving Range?
Hah-ben zee eye-neh DRIving Range?

How much are the greens fees?
Wie hoch ist die Green Fee?
Vee hoh[ch] isst dee GREEN fee?

Can I book a lesson with the pro?
Kann ich eine Unterrichtseinheit mit dem Profi buchen?
Khann ee[ch] eye-neh oon-tehr-ri[ch]ts-aihn-hyte mitt dehm PRO-fee boo-[ch]enn?

I need to have a club repaired.	**Ich benötige eine Schlägerreparatur.** *Ee[ch] beh-n[oe]h-tiggeh eye-neh SHL[AE]H-ghehr-reh-pah-rah-tour.*
Is the course dry?	**Ist der Platz trocken?** *Isst dehr plahts TROKK-en?*
Are there any wildlife hazards?	**Besteht eine Gefahr durch wildlebende Tiere?** *Beh-shteht eye-neh gheh-fahr doohr[ch] villd-leh-benn-deh TEE-reh?*
How many meters is the course?	**Wie groß ist der Platz in Metern?** *Vee grohs isst dehr plahts inn MEH-terrn?*
Is it very hilly?	**Ist der Platz sehr hügelig?** *Isst dehr plahts sehr H[UE]H-gheh-lligg?*

CHAPTER TEN

NIGHTLIFE

For coverage of movies and cultural events, see p132, Chapter Seven, "Culture."

CLUB HOPPING

Where can I find ____	**Wo finde ich ____** *Voh fin-deh ee[ch] ____*
a good nightclub?	**einen guten Nachtclub?** *eye-nen gooten NAH[CH]T-cloopp?*
a club with a live band?	**einen Club mit Liveband?** *eye-nen cloopp mitt LIVE-band?*
a reggae club?	**einen Reggaeclub?** *eye-nen REGGAE-cloopp?*
a hip hop club?	**einen Hiphop-Club?** *eye-nen HIP-hop-cloopp?*
a techno club?	**einen Technoclub?** *eye-nen TEKK-noh-cloopp?*
a jazz club?	**einen Jazzclub?** *eye-nen JAZZ-cloopp?*
a country-western club?	**einen Country-und-Western-Club?** *eye-nen country oonnd WESS-tern cloopp?*
a gay / lesbian club?	**einen Schwulen- / Lesbenclub?** *eye-nen SHVOO-len / LESS-ben-cloopp?*
a club where I can dance?	**einen Tanzclub?** *eye-nen TUNNTS-cloopp?*

a club with Salsa music?	**einen Club mit Salsa-Musik?** *eye-nen CLOOPP mitt SAL-sa moo-SEEK?*
the most popular club in town?	**den beliebtesten Club der Stadt?** *dehn beh-LEEB-tess-ten cloopp dehr shtahtt?*
a singles bar?	**eine Singlebar?** *eye-ne SINGLE-bahr?*
a piano bar?	**eine Pianobar?** *eye-ne pee-AH-noh-bahr?*
the most upscale club?	**den exklusivsten Club?** *dehn ekks-cloo-SEEVS-ten cloopp?*
What's the hottest bar these days?	**Welcher Club ist zurzeit besonders angesagt?** *Vell-[ch]ehr cloopp isst tsoor-tsite beh-SONN-dehrs un-gheh-sahggt?*
What's the cover charge?	**Wie viel kostet der Eintritt?** *Vee feel coss-tet dehr AIHN-tritt?*
Do they have a dress code?	**Ist eine bestimmte Kleidung vorgeschrieben?** *Isst eye-ne beh-shtimm-teh KLYE-doong fohr-gheh-shree-ben?*
Is it expensive?	**Ist es dort teuer?** *Isst as dohrrt TOY-ehr?*
What's the best time to go?	**Wann geht man dort am besten hin?** *Vahnn gheht mahnn dohrrt um bess-ten HINN?*
What kind of music do they play there?	**Welche Art von Musik wird dort gespielt?** *Vell-[ch]eh arrt fonn moo-SEEK virrd dohrrt gheh-shpeelt?*

Is it smoking?	**Darf geraucht werden?** *Dahrrf gheh-RAU[CH]T vehr-denn?*
Is it nonsmoking?	**Ist das Rauchen dort verboten?** *Isst dahs rauh-[ch]en dohrrt fehr-BOH-ten?*
I'm looking for ____	**Ich suche ____** *Ee[ch] SOO-[ch]eh ____*
a good cigar shop.	**ein gutes Zigarrengeschäft.** *aihn goo-tess tsee-GHARR-en-gheh-sh[ae]fft.*
a pack of cigarettes.	**eine Packung Zigaretten.** *eye-neh pahkk-oong tsee-ghah-RET-ten.*
I'd like ____	**Ich hätte gern ____** *Ee[ch] hat-eh ghern ____*
a drink please.	**etwas zu trinken.** *at-vahs tsoo TRING-ken.*
a bottle of beer please.	**ein Bier aus der Flasche.** *aihn beer ous dehr FLUSH-eh.*

Do You Mind If I Smoke?

Haben Sie eine Zigarette? *Hah-ben zee eye-neh tsee-ghah-RETT-eh?*	Do you have a cigarette?
Haben Sie Feuer? *Hah-ben zee FOY-ehr?*	Do you have a light?
Darf ich Ihnen Feuer geben? *Dharrf ee[ch] eeh-nen FOY-ehr gheh-ben?*	May I offer you a light?
Rauchen verboten. *Rauh-[ch]en fair-BOH-ten.*	Smoking not permitted.

A beer on tap please.
ein Bier vom Fass.
aihn beer fomm FAHSS.

a shot of ____ please.
einen ____.
eye-nen ____.

For a full list of drinks, see p80.

Make it a double please!
Einen Doppelten, bitte!
Eye-nen DOPP-ell-ten, bit-eh!

With ice, please.
Mit Eis, bitte.
Mitt ICE, bit-eh.

And one for the lady / the gentleman!
Und einen für die Dame / den Herrn!
Oonnd eye-nen f[ue]hr dee DAH-meh / dehn HERRN.

How much for a bottle / glass of beer?
Wie viel kostet eine Flasche / ein Glas Bier?
Vee feel coss-tet eye-neh FLUSH-eh/aihn GLAHS beer?

I'd like to buy a drink for that woman / man over there.
ch würde der Dame / dem Herrn da drüben gern einen Drink spendieren.
Ee[ch] v[ue]rr-deh dehr DAH-meh / dem HEHRRN dah dr[ue]h-ben ghern eye-nen DRINK shpenn-dee-ren.

A pack of cigarettes, please.
Eine Packung Zigaretten, bitte.
Eye-neh pahkk-oong tsee-ghah-RET-ten, bit-eh.

Do you have a lighter or matches?
Hast du Feuer?
Hahsst doo FOY-ehr?

Do you smoke?
Rauchst du?
RAU[CH]ST doo?

Would you like a cigarette?
Darf ich dir eine Zigarette anbieten?
Dharrf ee[ch] deer eye-ne tsee-ghah-RETT-eh un-bee-ten?

May I run a tab?

Kann ich die Getränke bezahlen, wenn ich gehe?
Khann ee[ch] dee ghe-trank-eh beh-tsah-len, venn ee[ch] GHEH-heh?

What's the cover?

Was kostet der Eintritt?
Vahs coss-tet dehr AIHN-tritt?

ACROSS A CROWDED ROOM

Excuse me, may I buy you a drink?

Verzeihung. Darf ich dich auf einen Drink einladen?
Fehr-TSYE-oong. Dharrf ee[ch] di[ch] ouf eye-nen DRINK aihn-lah-den?

You look amazing.

Du siehst umwerfend aus.
Doo seehst OOMM-vehrr-fennd ous.

You look like the most interesting person in the room.

Du bist mit Abstand die interessanteste Person im Raum.
Doo bisst mitt up-shtahnnd dee in-teh-ress-UN-tess-teh pehr-sohn imm rowm.

Would you like to dance?	**Möchtest du gern tanzen?** *M[oe][ch]-test doo ghern TUNN-tsenn?*
Do you like to dance fast or slow?	**Tanzt du lieber schnell oder langsam?** *Tunntst doo lee-behr SHNELL oh-der LUNG-sahm?*
Give me your hand.	**Gib mir deine Hand.** *Gheeb mere dye-neh HAHND.*
What would you like to drink?	**Was möchtest du trinken?** *Vahs m[oe][ch]-test doo TRING-kenn?*
You're a great dancer.	**Du tanzt großartig.** *Doo tunntst GROHS-urr-tigg.*
I don't know that dance!	**Diesen Tanz kenne ich nicht!** *Dee-sen tunnts KEN-neh ee[ch] nee[ch]t!*
Do you like this song?	**Magst du dieses Lied?** *MAHGGST doo dee-ses leed?*
You have nice eyes!	**Du hast wunderschöne Augen!** *Doo hahsst VOON-dehr-sh[oe]h-neh ow-ghenn!*

For a full list of features, see p106.

May I have your phone number?	**Gibst du mir deine Telefonnummer?** *Gheebst doo mere dye-neh tehleh-PHON-noommer?*

GETTING CLOSER

You're very attractive.
Du siehst unglaublich gut aus.
Doo seehst oon-gloub-li[ch] GOOT ous.

I like being with you.
Ich bin gern mit dir zusammen.
Ee[ch] bin ghern mitt deer tsoo-SAHMM-en.

I like you.
Ich mag dich.
Ee[ch] MAHGG di[ch].

I want to hold you.
Ich möchte dich in den Arm nehmen.
Ee[ch] m[oe][ch]-teh di[ch] inn dehn AHRRM neh-men.

Kiss me.
Küss mich.
K[UE]SS mee[ch].

May I give you ____
Darf ich dich ____
Dharff ee[ch] di[ch] ____

a hug?
umarmen?
oomm-AHRR-men?

a kiss?
küssen?
K[UE]SS-en?

Would you like ____
Möchtest du gern ____
M[oe][ch]-test doo ghern ____

a back rub?
eine Rückenmassage?
eye-neh R[UE]K-ken-mah-ssah-sheh?

a massage?	**eine Massage?** *eye-neh ma-SSAH-sheh?*

GETTING INTIMATE

Would you like to come inside?	**Möchtest du mit reinkommen?** *M[oe][ch]-test doo mitt RYNE-kom-men?*
May I come inside?	**Darf ich noch mit reinkommen?** *Dharrf ee[ch] no[ch] mitt RYNE-kom-men?*
Let me help you out of that.	**Lass mich dir damit helfen.** *Lahss mee[ch] deer dah-mitt HELL-fen.*
Would you help me out of this?	**Könntest du mir damit bitte behilflich sein?** *K[oe]nn-test doo mere dah-mitt bit-eh beh-HILLF-li[ch] syne?*
You smell so good.	**Du riechst so gut.** *Doo REE[CH]ST soh goot.*
You're beautiful / handsome.	**Du bist wunderschön / sehr gut-aussehend.** *Doo bisst voohn-dehr-SH[OE]HN / sehr GOOT-ous-seh-hend.*
May I?	**Darf ich?** *DHARRF ee[ch]?*
OK?	**OK?** *Okay?*
Like this?	**So?** *Soh?*
How?	**Wie?** *Vee?*

HOLD ON A SECOND

Please don't do that.
Das möchte ich nicht.
Dahs M[OE][CH]-teh ee[ch] ni[ch]t.

Stop, please.
Hör bitte auf.
H[oe]hr bit-eh OUF.

Do you want me to stop?
Soll ich aufhören?
Sohll ee[ch] OUF-h[oe]h-ren?

Let's just be friends.
Lass uns einfach Freunde sein.
Lahss oonns aihn-fah[ch] FROYN-deh syne.

Do you have a condom?
Hast du ein Kondom?
Hahsst doo aihn con-DOHM?

Are you on birth control?
Nimmst du die Pille?
Nimmst doo dee PILL-eh?

I have a condom.
Ich habe ein Kondom.
Ee[ch] hah-beh aihn con-DOHM.

Do you have anything you should tell me first?
Sollte ich vorher noch etwas wissen?
Soll-teh ee[ch] fohr-hehr noh[ch] at-vahs VISS-en?

BACK TO IT

That's it.
Genau so.
Gheh-NOW soh.

That's not it.
Nicht so.
Ni[ch]t SOH.

Here.
Hier.
Hear.

There.
Da.
Dahh.

For a full list of features, see p106.
For a full list of body parts, see p179.

More.	**Weiter.** *VYE-tehr.*
Harder.	**Härter.** *H[AE]RR-tehr.*
Faster.	**Schneller.** *SHNELL-ehr.*
Deeper.	**Tiefer.** *TEE-fehr.*
Slower.	**Langsamer.** *LUNG-sah-mehr.*
Easier.	**Sanfter.** *SAHNNF-tehr.*

COOLDOWN

You're great.	**Du bist fantastisch.** *Doo bisst fahn-TAHSS-tish.*
That was great.	**Das war fantastisch.** *Dahs vahr fahn-TAHSS-tish.*
Would you like ____	**Möchtest du gern ____** *M[oe][ch]-test doo ghern ____*
a drink?	**etwas zu trinken?** *at-vahs tsoo TRING-ken?*
a snack?	**einen Imbiss?** *eye-nen IMM-biss?*
a shower?	**duschen?** *DOO-shen?*
May I stay here?	**Kann ich hierbleiben?** *Khann ee[ch] HEAR-blye-ben?*
Would you like to stay here?	**Möchtest du bleiben?** *M[oe][ch]-test doo BLYE-ben?*
I'm sorry. I have to go now.	**Es tut mir leid. Ich muss jetzt gehen.** *As toot mere LYDE. Ee[ch] mooss yetst gheh-hen.*
Where are you going?	**Wohin gehst du?** *Voh-hinn GHEHST doo?*

I have to work early.
Ich muss früh arbeiten.
Ee[ch] mooss fr[ue]h ARR-byten.

I'm flying home in the morning.
Ich fliege morgen früh nach Hause.
Ee[ch] flee-gheh morr-ghenn fr[ue]h nah[ch] HOW-seh.

I have an early flight.
Mein Flug geht frühmorgens.
Mine floog gheht fr[ue]h-MORR-ghenns.

I think this was a mistake.
Ich glaube, das war ein Fehler.
Ee[ch] GLOU-beh, dahs vahr aihn FEH-lehr.

Will you make me breakfast too?
Bekomme ich auch ein Frühstück?
Beh-com-meh ee[ch] OU[CH] aihn FR[UE]H-sht[ue]ck?

Stay. I'll make you breakfast.
Geh nicht. Ich mach dir Frühstück.
Gheh ni[ch]t. Ee[ch] mah[ch] deer FR[UE]H-sht[ue]ck.

IN THE CASINO

How much is this table?
Wie hoch ist der Einsatz an diesem Tisch?
Vee hoh[ch] isst der AIHN-sahtts un dee-sem tish?

Deal me in.
Ich bin dabei.
Ee[ch] bin dah-BYE.

Put it on red!
Setzen Sie das auf Rot!
Set-senn zee dahs ouf ROHHT!

Put it on black!
Setzen Sie das auf Schwarz!
Set-senn zee dahs ouf SHVAHRRZ!

Let it ride!
Los geht's!
Lohs GHEHTS!

21!
21!
aihn-oonnd-TSVAHNN-tsigg!

Snake-eyes!
Schlangenaugen!
SHLAHNG-en-ow-ghenn!

Seven.
Sieben.
Zee-ben.

For a full list of numbers, see p7.

Damn, eleven.
Elf, verdammt.
ELLF, fehr-DAHMMT.

I'll pass.
Ich passe.
Ee[ch] PAHSS-eh.

Hit me!
Karte!
KAHRR-teh!

Split.
Split.
Split.

Are the drinks complimentary?
Sind die Getränke gratis?
Sinnd dee ghe-trank-eh GRAH-tees?

May I bill it to my room?
Kann ich die Kosten über mein Zimmer abrechnen?
Khann ee[ch] dee coss-ten [ue]h-behr mine TSIMMER up-re[ch]-nen?

I'd like to cash out.
Ich möchte meinen Gewinn auszahlen lassen.
Ee[ch] m[oe][ch]-teh my-nen gheh-VINN ous-tsah-len lahss-en.

I'll hold.
Ich schiebe.
Ee[ch] SHEEH-beh.

I'll see your bet.
Ich gehe mit.
Ee[ch] gheh-heh MITT.

I call.
Ich will sehen.
Ee[ch] vill SEH-hen.

Full house!
Full House!
Full HOUSE!

Royal flush.
Royal Flush.
Royal FLUSH.

Straight.
Straße.
SHTRAH-sseh.

CHAPTER ELEVEN

HEALTH & SAFETY

This chapter covers the terms you'll need to maintain your health and safety—including the most useful phrases for the pharmacy, the doctor's office, and the police station.

AT THE PHARMACY

Please fill this prescription.
Ich möchte das Rezept hier einlösen.
Ee[ch] m[oe][ch]-teh dahs rehtseppt hear AIHN-l[oe]h-sen.

Do you have something for ____
Haben Sie etwas gegen ____
Hah-ben zee at-vahs ghe-ghenn ____

a cold?
eine Erkältung?
eye-ne air-KELL-toong?

a cough?
Husten?
WHO-stenn?

I need something ____
Ich brauche etwas ____
Ee[ch] brow-[ch]eh at-vahs ____

to help me sleep.
zum Einschlafen.
tsoomm AIHN-shlah-fen.

to help me relax.
zum Entspannen.
tsoomm ent-SHPAHNN-en.

I want to buy ____
Ich hätte gern ____
Ee[ch] hat-eh ghern ____

condoms.
Kondome.
con-DOH-meh.

an antihistamine.
ein Antihistamin.
aihn un-tee-his-tah-MEEN.

antibiotic cream.
eine antibiotische Salbe.
eye-ne un-tee-bee-OH-tish-eh SULL-beh.

aspirin.	**Aspirin.** *ahss-pee-REEN.*
non-aspirin pain reliever.	**ein aspirinfreies Schmerzmittel.** *aihn ahss-pee-REEN-frye-ess SHMEHRTTS-mittel.*
medicine with codeine.	**ein Medikament mit Kodein.** *aihn meh-dee-kah-meant mitt koh-deh-EEN.*
insect repellant.	**ein Insektenschutzmittel.** *aihn in-SECK-ten-shoohts-mittel.*
I need something for ____	**Ich brauche etwas gegen ____** *Ee[ch] brow-[ch]eh at-vahs gheh-ghenn ____*
corns.	**Hühneraugen.** *H[UE]H-nehr-ow-ghenn.*
congestion.	**Verstopfung.** *fehr-SHTOPP-foong.*
warts.	**Warzen.** *VAHRR-tsenn.*
constipation.	**Darmträgheit.** *DHARRM-tr[ae]hgg-hyte.*
diarrhea.	**Durchfall.** *DOORR[CH]-fahll.*
indigestion.	**Verdauungsstörungen.** *fehr-DOW-oongs-sht[oe]h-roong-en.*
nausea.	**Übelkeit.** *[UE]H-bell-kite.*
motion sickness.	**Reisekrankheit.** *RYE-seh-krahnk-hyte.*
seasickness.	**Seekrankheit.** *SEHH-krahnk-hyte.*
acne.	**Akne.** *AHKK-neh.*

AT THE DOCTOR'S OFFICE

I would like to see ____	**Ich brauche einen Termin bei einem ____** *Ee[ch] brow-[ch]eh eye-nen tehr-MEEN bye eye-nem ____*
a doctor.	**Arzt.** *artst.*
a chiropractor.	**Chiropraktiker.** *[ch]ee-roh-PRAHKK-tee-kehr.*
a gynecologist.	**Frauenarzt.** *FROW-en-artst.*
an eye / ears / nose / throat specialist.	**Augenspezialisten / Ohrenspezialisten / Nasenspezialisten / Halsspezialisten.** *OW-ghenn-shpeh-tsee-yah-liss-ten / OH-ren-shpeh-tsee-yah-liss-ten / NAH-senn-shpeh-tsee-yah-liss-ten / HAHLLS-shpeh-tsee-yah-liss-ten.*
a dentist.	**Zahnarzt.** *TSAAHN-artst.*
an optometrist.	**Optiker.** *OPP-tee-kehr.*
Do I need an appointment?	**Benötige ich einen Termin?** *Beh-n[oe]-tiggeh ee[ch] eye-nen tehr-MEEN?*
I have an emergency.	**Das ist ein Notfall.** *Dahs isst aihn NOHT-fahll.*
I need an emergency prescription refill.	**Ich benötige dringend eine erneute Rezepteinlösung.** *Ee[ch] beh-n[oe]h-tigge dring-end eye-neh air-noy-teh reh-TSEPPT-aihn-l[oe]h-soong.*

Please call a doctor.	**Rufen Sie bitte einen Arzt.** *Roofen zee bit-eh eye-nen ARTST.*
I need an ambulance.	**Ich brauche einen Krankenwagen.** *Ee[ch] brow-[ch]eh eye-nen KRAHNK-en-vah-ghenn.*

SYMPTOMS

For a full list of body parts, see p179.

My ____ hurts.	**Mein ____ schmerzt. (sing.) / Meine ____ schmerzen. (pl.)** *Mine ____ shmehrtst. / My-neh ____ shmehr-tsenn.*
My ____ is stiff.	**Mein ____ ist steif. (sing.) / Meine ____ sind steif. (pl.)** *Mine ____ isst shtyfe. / My-neh ____ sinnd shtyfe.*
I think I'm having a heart attack.	**Ich glaube, ich habe einen Herzinfarkt.** *Ee[ch] glauh-beh, ee[ch] hah-beh eye-nen HERRTS-in-farrkt.*
I can't move.	**Ich kann mich nicht bewegen.** *Ee[ch] khann mee[ch] nee[ch]t beh-VEH-ghenn.*
I fell.	**Ich bin gestürzt.** *Ee[ch] bin ghe-SHT[UE]RRTST.*
I fainted.	**Ich habe das Bewusstsein verloren.** *Ee[ch] hah-beh dahs beh-VOOSST-syne fehr-loh-ren.*
I have a cut on my ____.	**Ich habe eine Schnittwunde in meiner / meinem ____.** *Ee[ch] hah-beh eye-neh SHNITT-voonn-deh in minor/my-nem ____.*
I have a headache.	**Ich habe Kopfschmerzen.** *Ee[ch] hah-beh COPF-shmair-tsenn.*
My vision is blurry.	**Ich sehe verschwommen.** *Ee[ch] seh-heh fehr-SHVOMM-en.*

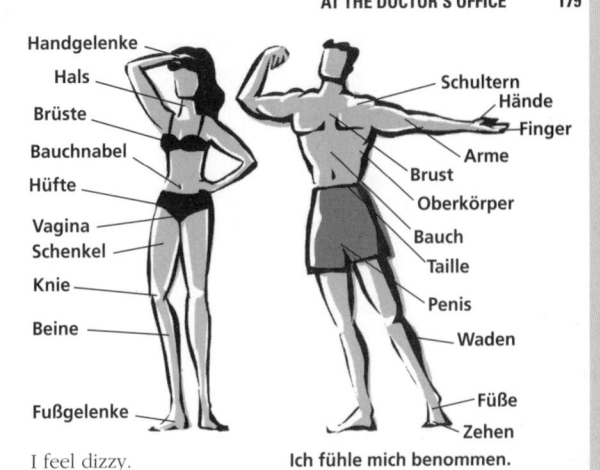

I feel dizzy.
Ich fühle mich benommen.
Ee[ch] f[ue]h-leh mee[ch] beh-NOMM-en.

I think I'm pregnant.
Ich glaube, ich bin schwanger.
Ee[ch] glau-beh, ee[ch] bin SHVAHNNG-ehr.

I don't think I'm pregnant.
Ich glaube nicht, dass ich schwanger bin.
Ee[ch] glau-beh NI[CH]T, dahss ee[ch] shvahnng-ehr bin.

I'm having trouble walking.
Ich habe Probleme beim Gehen.
Ee[ch] hah-beh proh-bleh-meh byme GHEH-hen.

I can't get up.
Ich kann nicht aufstehen.
Ee[ch] khann ni[ch]t OUF-shteh-hen.

I was mugged.
Ich wurde überfallen.
Ee[ch] voorr-deh [ue]h-behr-FAHLL-en.

I was raped.
Ich wurde vergewaltigt.
Ee[ch] voorr-deh fehr-gheh-VAHLL-tiggt.

A dog attacked me.
Ich wurde von einem Hund angegriffen.
Ee[ch] voorr-deh fonn eye-nem HOONND un-gheh-griff-en.

A snake bit me.
Ich wurde von einer Schlange gebissen.
Ee[ch] voorr-deh fonn eye-nehr SHLUNG-eh gheh-biss-en.

I can't move my ____ without pain.
Ich kann mein/meinen/meine ____ nicht schmerzfrei bewegen.
Ee[ch] khann mine/my-nen/my-neh ____ ni[ch]t shmehrts-frye beh-veh-ghenn.

MEDICATIONS

I need morning-after pills.
Ich brauche Pillen für den Morgen danach.
Ee[ch] brau-[ch]eh PILL-en f[ue]hr dehn morr-ghenn dah-NAH[CH].

I need birth control pills.
Ich brauche Antibabypillen.
Ee[ch] brau-[ch]eh un-tee-BEH-bee-pill-en.

I lost my eyeglasses and need new ones.
Ich habe meine Brille verloren und benötige eine neue.
Ee[ch] hah-beh my-neh BRILL-eh fehr-loh-ren oonnd beh-n[oe]h-tigge eye-neh NOY-eh.

I need new contact lenses.
Ich benötige neue Kontaktlinsen.
Ee[ch] beh-n[oe]h-tigge noye konn-TAHKKT-lin-sen.

I need erectile dysfunction pills.
Ich benötige Pillen gegen Erektionsstörungen.
Ee[ch] beh-n[oe]h-tigge pill-en gheh-ghenn eh-rekk-tsee-YOHNS-sht[oe]h-roong-en.

Please fill this prescription.
Ich möchte das hier abholen.
Ee[ch] m[oe][ch]-teh dahs hear UP-hoh-len.

I need a prescription for ____.
Ich benötige ein Rezept für ____.
Ee[ch] beh-N[OE]-tiggeh aihn reh-TSEPT f[ue]hr ____.

I am allergic to ____
Ich bin allergisch gegen ____
Ee[ch] bin ah-LERR-ghish gheh-ghenn ____

penicillin.
Penizillin.
penn-ee-tsee-LEAN.

antibiotics.
Antibiotika.
un-tee-bee-YOH-tee-kah.

sulfa drugs.
schwefelhaltige Medikamente.
SHVEHH-fell-hahll-tiggeh meh-dee-kah-menn-teh.

steroids.
Steroide.
shteh-roh-EE-deh.

I have asthma.
Ich habe Asthma.
Ee[ch] hah-beh USST-mah.

DENTAL PROBLEMS

I have a toothache.
Ich habe Zahnschmerzen.
Ee[ch] hah-beh TSAAHN-shmehrts-en.

I chipped a tooth.
Ich habe einen abgebrochenen Zahn.
Ee[ch] hah-beh eye-nen up-gheh-broh[ch]en-en TSAAHN.

My bridge came loose.
Meine Brücke hat sich gelöst.
My-neh BR[UE]KKEH hut see[ch] gheh-l[oe]hst.

I lost a crown.
Ich habe eine Krone verloren.
Ee[ch] hah-beh eye-ne KROH-ne fehr-loh-ren.

I lost a denture plate.
Ich habe eine Zahnprotese verloren.
Ee[ch] hah-beh eye-ne TSAAHN-proh-teh-se fehr-loh-ren.

AT THE POLICE STATION

I'm sorry, did I do something wrong?
Verzeihung, habe ich etwas falsch gemacht?
Fehr-TSYE-oong, hah-beh ee[ch] at-vahs FAHLLSH gheh-mah[ch]t?

I am ____
Ich bin ____
ee[ch] bin ____

an American.
Amerikaner (m.) / Amerikanerin (f.).
ah-meh-ree-KAH-nehr / ah-meh-ree-KAH-nehr-in.

British.
Brite (m.) / Britin (f.).
BREE-teh / BREE-tin.

a Canadian.
Kanadier (m.) / Kanadierin (f.).
kah-NAH-dee-er / kah-NAH-dee-er-in.

Irish.
Ire (m.) / Irin (f.).
EE-re / EE-rin.

an Australian.
Australier (m.) / Australierin (f.).
ous-TRAH-lee-er / ous-TRAH-lee-er-in.

a New Zealander.
Neuseeländer (m.) / Neuseeländerin (f.).
noy-SEHH-lander / noy-SEHH-lander-in.

The car is a rental.
Das Auto ist ein Mietwagen.
Dahs ou-toh isst aihn MEET-vah-ghenn.

Listen Up: Police Lingo

Führerschein, Fahrzeug- und Versicherungspapiere, bitte. *F[ue]h-rehr-shine, faahr-tsoygg oonnd fehr-SI[CH]-eh-roongs-pah-peer-eh, bit-eh.*	Your license, registration and insurance, please.
Die Strafe beträgt 10 €. Sie können direkt bezahlen. *Dee shtrah-feh beh-tr[ae]hggt tsehn OY-roh. Zee k[oe]nn-en dee-RECKT beh-tsah-len.*	The fine is €10. You can pay me directly.
Ihren Ausweis, bitte? *Eehren OUS-vise, bit-eh?*	Your passport please?
Wohin sind Sie unterwegs? *Voh-hinn sinnd zee oonn-ter-VEHGGS?*	Where are you going?
Warum haben Sie es denn so eilig? *Vah-roomm hah-ben zee as denn soh EYE-ligg?*	Why are you in such a hurry?

Do I pay the fine to you?	**Zahle ich die Strafe direkt an Sie?** *Tsah-leh ee[ch] dee shtrah-feh dee-reckt un Zee?*
Do I have to go to court?	**Komme ich vor Gericht?** *Com-meh ee[ch] fohr ghe-RI[CH]T?*
When?	**Wann?** *Vahnn?*

I'm sorry, my German isn't very good.
Verzeihung, mein Deutsch ist nicht besonders gut.
Fehr-TSYE-oong, mine doytsch isst ni[ch]t beh-sonn-dehrs GOOT.

I need an interpreter.
Ich benötige einen Dolmetscher.
Ee[ch beh-n[oe]h-tiggeh eye-nen DOLL-match-ehr.

I'm sorry, I don't understand the ticket.
Verzeihung, ich verstehe den Strafzettel nicht.
Fehr-TSYE-oong, ee[ch] fair-shteh-heh dehn SHTRAHF-tsettel ni[ch]t.

May I call my embassy?
Darf ich meine Botschaft anrufen?
Dharrf ee[ch] my-neh BOHT-shahfft unroofen?

I was robbed.
Ich wurde ausgeraubt.
Ee[ch] voorr-deh OUS-gheh-raubt.

I was mugged.
Ich wurde überfallen.
Ee[ch] voorr-deh [ue]h-behr-FAHLL-en.

I was raped
Ich wurde vergewaltigt.
Ee[ch] voorr-deh fehr-gheh-VAHLL-tiggt.

Do I need to make a report?
Muss ich eine Aussage machen?
Mooss ee[ch] eye-neh OUS-sah-gheh mah-[ch]en?

Somebody broke into my room.
In mein Zimmer wurde eingebrochen.
Inn mine tsimmer voorr-deh AIHN-gheh-broh-[ch]en.

Someone stole my purse / wallet.
Meine Handtasche / Geldbörse wurde gestohlen.
My-neh HAHND-tah-sheh / GELLD-b[oe]r-seh voorr-deh gheh-shtoh-len.

DICTIONARY KEY

n	*noun*	*m*	*masculine*
v	*verb*	*f*	*feminine*
adj	*adjective*	*gn*	*gender neutral*
prep	*preposition*	*s*	*singular*
adv	*adverb*	*pl*	*plural*
pron	*pronoun*		

All verbs are listed in infinitive (to + verb) form, cross-referenced to the appropriate conjugations page. Adjectives are listed first in masculine singular form, followed by the feminine ending.

For food terms, see the Menu Reader (p83) and Grocery section (p89) in Chapter 4, Dining.

A

able, to be able to (can) *v können* **p26**

above *adj über* p69

accept, to accept *v* p20 *akzeptieren*

Do you accept credit cards? *Akzeptieren Sie Kreditkarten?* p31

accident *n der Unfall m* p49

I've had an accident. *Ich hatte einen Unfall.*

account *n das Konto gn* p123

I'd like to transfer to / from my checking / savings account. *Ich möchte etwas auf mein / von meinem Girokonto / Sparkonto überweisen.*

acne *n die Akne f* p176

across *prep über* p6

across the street *auf der anderen Straßenseite*

actual *adj tatsächlich, eigentlich, wirklich* p15

adapter plug *n der Adapterstecker m*

address *n die Adresse f* p112

What's the address? *Wie lautet die Adresse?*

admission fee *n die Eintrittsgebühr f* p136

in advance *im Voraus*

African-American *adj afroamerikanisch* p107

afternoon *n der Nachmittag m* p12

in the afternoon *am Nachmittag*

age *n das Alter gn* p104

What's your age? *Wie alt sind Sie? (formal) / Wie alt bist du? (informal)*

agency *n die Agentur / das Büro f/gn* p42

car rental agency *die Autovermietung f*

agnostic *adj agnostisch*

air conditioning *n die Klimaanlage f* p60

Would you lower / raise the air conditioning? *Könnten Sie die Klimaanlage bitte auf eine höhere / niedrigere Temperatur einstellen?*

airport *n der Flughafen m*

I need a ride to the airport. *Ich muss zum Flughafen.*

How far is it from the airport? *Wie weit ist das vom Flughafen entfernt?*

airsickness bag *n die Spucktüte f* p41

aisle (in store) *n der Gang m*

Which aisle is it in? *In welchem Gang finde ich das?*

alarm clock *n der Wecker m* p67

alcohol *n der Alkohol m* p80

Do you serve alcohol? *Haben Sie alkoholische Getränke?*

I'd like nonalcoholic beer. *Ich hätte gerne ein alkoholfreies Bier.*

all *n Alles* p10

all *adj ganz; alle* p10

all of the time *die ganze Zeit*

That's all, thank you. *Danke, das ist alles.*

allergic *adj allergisch* p67

I'm allergic to ____. *Ich bin allergisch gegen ____.* See p79 and 181 for common allergens.

also *auch adv* p15

altitude *n die Höhe f* p155

aluminum *n das Aluminium gn*

ambulance *n der Krankenwagen m*

American *n der Amerikaner m, die Amerikanerin f* p109

amount *n die Menge (things) / der Betrag (money) f/m* p56

angry *adj wütend*

animal *n das Tier gn*

another *adj noch ein / eine / einen* p40, 64

answer *n die Antwort f*

answer, to answer (phone call, question) *v* p20 *beantworten (question) / entgegennehmen (phone call)*

Answer me, please. *Antworten Sie mir bitte.*

antibiotic *n das Antibiotikum gn*

I need an antibiotic. *Ich brauche ein Antibiotikum.*

antihistamine *n das Antihistamin gn* p175

anxious *adj besorgt* p109

any *adj beliebig*

anything *n alles / irgend etwas*

anywhere *adv überall / irgendwo*

April *n der April m* p13

appointment *n der Termin m* p136

Do I need an appointment? *Benötige ich einen Termin?*

are *v See* **be, to be p23**

arrive, to arrive *v ankommen*

arrival(s) *n die Ankunft f*

art *n die Kunst f*

exhibit of art *die Kunstausstellung*

art *adj Kunst-*

art museum *das Kunstmuseum*

artist *n der Künstler m, die Künstlerin f*

Asian *adj asiatisch* p72

ask for (request) *v bitten um* **p24**

ask a question *v fragen* **p24**

aspirin *n das Aspirin gn* p176

assist *v helfen* **p24**

assistance *n die Hilfe f*

asthma *n das Asthma gn* p181

I have asthma. *Ich habe Asthma.*

atheist *adj atheistisch* p115

ATM *n der Geldautomat m*

I'm looking for an ATM. *Ich suche einen Geldautomaten.*

attend *v teilnehmen (meeting) / behandeln (doctor)* **p22/24**

audio *adj Audio-* p57

August *n der August m* p13

aunt *n die Tante f* p104

Australian *n der Australier m, die Australierin*

Austrian *n der Österreicher m, die Österreicherin* p108

autumn *n der Herbst m* p14

available *adj verfügbar* p135

B

baby *n das Baby gn* p105

baby *adj Baby- / für Babys* p89

Do you sell baby food? *Verkaufen Sie Babynahrung?*

babysitter *n der Babysitter m*

Do you have babysitters who speak English? *Haben Sie englischsprachige Babysitter?*

back *n der Rücken m* p179

My back hurts. *Mein Rücken schmerzt.*

back rub *n die Rückenmassage f* p169

backed up (toilet) *adj verstopft*

The toilet is backed up. *Die Toilette ist verstopft.*

bad *schlecht adj* p15

bag *n die Tasche f, die Tüte f*

airsickness bag *die Spucktüte* p41

My bag was stolen. *Meine Tasche wurde gestohlen.*

I lost my bag. *Ich habe meine Tasche verloren.*

bag *v einpacken* **p20**

baggage *n das Gepäck gn* p33

baggage *adj Gepäck-* p33

baggage claim *Gepäckausgabe*

bait *n der Köder m*
balance (on bank account) *n der Kontostand m* p123
balance *v balancieren* p20 *(something shaky) / begleichen (invoice)* p24
balcony *n der Balkon m* p59
bald *adj kahl* p15
ball (sport) *n der Ball m*
ballroom dancing *n der Gesellschaftstanz m* p133
band (musical ensemble) *n die Band f* p163
band-aid *n das Pflaster gn*
bank *n die Bank f* p120
Can you help me find a bank? *Könnten Sie mir bitte helfen, eine Bank zu finden?*
bar *n die Bar f*
barber *n der (Herren-) Frisör m* p146
bass (instrument) *n der Bass m*
bath (spa) *n das Bad gn*
bathroom (restroom) *n die Toilette / das WC f/gn* p60
Where is the nearest public bathroom? *Wo finde ich das nächste öffentliche WC?*
bathtub *n die Badewanne f* p60
bathe, to bathe oneself *v baden / ein Bad nehmen* **p20, 24**
battery (for flashlight) *n die Batterie f*
battery (for car) *n die Batterie f*
bee *n die Biene f*
I was stung by a bee. *Ich wurde von einer Biene gestochen.*
be, to be *v sein* **p23**
beach *n der Strand m* p118
beach *v stranden* **p20**
beard *n der Bart m*
beautiful *adj schön* p105
bed *n das Bett gn* p59
beer *n das Bier gn* p80
beer on tap *das Bier vom Fass*
begin *v beginnen / anfangen* **p24**
behave *v sich benehmen* **p24**
well behaved *brav* p15
behind *adv hinter* p5
Belgian *n der Belgier m, die Belgierin f* p108
below *adv unter* p69
belt *n der Gürtel m* p140
conveyor belt *das Transportband*
berth *n die Koje f*
best *am besten*
bet, to bet *v wetten* **p20**
better *besser*
big *adj groß* p11
bilingual *adj zweisprachig*
bill (currency) *n der (Geld-)Schein m*
bill *v berechnen* **p20**
billion *n die Milliarde f* p15
biography *n die Biografie f*
bird *n der Vogel m*

birth control *n die Verhütung f* p171, 180
birth control *adj Antibaby-* p171, 180
I'm out of birth control pills. *Ich habe keine Antibabypillen mehr.*
I need more birth control pills. *Ich brauche mehr Antibabypillen.*
bit (small amount) *n ein bisschen gn*
black *adj schwarz* p106
blanket *n die (Bett-)Decke f* p40
bleach *n das Bleichmittel gn*
blend *v mischen* p15
blind *adj blind*
block *v blockieren* **p20**
blond(e) *adj blond* p106
blouse *n die Bluse f* p139
blue *adj blau* p107
blurry *adj verschwommen* p178
board *n die Tafel f*
on board *an Bord*
board *v einsteigen / an Bord gehen* **p24**
boarding pass *n die Bordkarte f* p38
boat *n das Boot gn*
bomb *n die Bombe f* p15
book *n das Buch gn* p144
bookstore *n die Buchhandlung f* p144
bordello *n der Puff m* p15
boss *n der Chef m, die Chefin f*
bottle *n die Flasche f* p165
May I heat this (baby) bottle someplace? *Kann ich dieses (Baby-) Fläschchen irgendwo aufwärmen?*
box (seat) *n die Loge f* p153
box office *n der Kartenverkauf m*
boy *n der Junge m*
boyfriend *n der Freund m* p103
braid *n der Zopf m* p147
braille, American *n die englische Blindenschrift f*
brake *n die Bremse f* p46
emergency brake *die Notbremse*
brake *v bremsen* **p20**
brandy *n der Brandy m* p81
brave *adj tapfer* p15
bread *n das Brot n* p89
break *v (zer-)brechen* **p24**
breakfast *n das Frühstück gn*
What time is breakfast? *Um wie viel Uhr gibt es Frühstück?*
bridge (across a river, dental) *n die Brücke f* p181
briefcase *n der Aktenkoffer m* p41
bright *adj hell*
broadband *n Breitband-*
bronze *adj bronzefarben*
brother *n der Bruder m* p103
brown *adj braun* p107
brunette *n die Brünette f* p106

Buddhist *n der Buddhist m, die Buddhistin f* p115
budget *n das Budget gn*
buffet *n das Buffet gn*
bug *n der Käfer m, das Insekt gn*
burn *v brennen* **p24**

Can I burn a CD here? *Kann ich hier eine CD brennen?* p127

bus *n der Bus m* p50

Where is the bus stop? *Wo ist die nächste Bushaltestelle?*
Which bus goes to ____? *Welcher Bus fährt nach ____?* p53

business *n das Unternehmen gn* p37
business *adj Geschäfts-* p65

business center *das Geschäftszentrum*

busy *adj gut besucht* **(restaurant),** *besetzt* **(phone)**
butter *n die Butter f* p78
buy, to buy *v kaufen* **p20**

C

café *n das Café gn* p31

Internet café *das Internetcafé*

call, to call *v rufen* **(shout)** *anrufen* **(phone) p24**
camp, to camp *v zelten* **p20**
camper *n das Wohnmobil (van) / der Wohnwagen (trailer) gn/m*
camping *adj Camping-*

Do we need a camping permit? *Benötigen wir eine Campingerlaubnis?*

campsite *n der Campingplatz m*
can *n die Dose f*
can (able to) *v können* **p26**
Canada *n Kanada*
Canadian *adj kanadisch*
cancel, to cancel *v stornieren* **p20**

My flight was canceled. *Mein Flug wurde storniert.*

canvas *n die Leinwand f* **(for painting),** *das Segeltuch gn* p42 **(material)**
cappuccino *n der Cappuccino m*
car *n das Auto gn*

car rental agency *die Autovermietung*
I need a rental car. *Ich benötige einen Mietwagen.*

card *n die Karte f* p110

Do you accept credit cards? *Akzeptieren Sie Kreditkarten?*
May I have your business card? *Könnte ich bitte Ihre Visitenkarte haben?*

car seat (child's safety seat) *n der Kindersitz m*

Do you rent car seats for children? *Vermieten Sie Kindersitze?*

carsickness *n die Autokrankheit f*
cash *n das Bargeld gn* p121
cash only *Nur gegen Barzahlung* p122
cash, to cash *v einlösen (check)* **p20**
to cash out (gambling) *auszahlen lassen* p174
cashmere *n der Kaschmir m*
casino *n das Kasino gn* p58
cat *n die Katze f*
cathedral *n der Dom m* p15
Catholic *adj katholisch* p115
cavity (tooth cavity) *n das Loch gn*
I think I have a cavity. *Ich glaube, ich habe ein Loch im Zahn.*
CD *n die CD f* p127
CD player *n der CD-Player m* p43
celebrate, to celebrate *v feiern* **p20**
cell phone *n das Mobiltelefon / das Handy gn* p122
centimeter *n der Zentimeter m*
chamber music *n die Kammermusik f*
change (money) *n das Wechselgeld gn*
I'd like change, please. *Geben Sie mir bitte Wechselgeld.*
This isn't the correct change. *Das Wechselgeld stimmt leider nicht.*
change (to change money, clothes) *v wechseln* **p20**
changing room *n die Umkleidekabine f*
charge, to charge (money) *v abbuchen* **p20**
charge, to charge (a battery) *v aufladen* **p24**
charmed *adj entzückt*
charred (meat) *adj verkohlt* p77
charter, to charter *v chartern* **p22**
cheap *adj billig* p44
check *n der Scheck m* p83
Do you accept travelers' checks? *Akzeptieren Sie Reiseschecks?*
check, to check *v überprüfen / sich vergewissern* **p20**
checked (pattern) *adj kariert*
check-in *n der Check-In m* p30
What time is check-in? *Um wie viel Uhr wird eingecheckt?*
check-out *n der Check-Out gn*
check-out time *Uhrzeit für das Auschecken*
What time is check-out? *Um wie viel Uhr wird ausgecheckt?*
check out, to check out *v auschecken* **p20**
cheese *n der Käse m* p89
chicken *n das Hähnchen gn* p86

child *n das Kind gn*
children *n Kinder gn* p38
Are children allowed? *Sind Kinder erlaubt?*
Do you have children's programs? *Haben Sie ein Programm für Kinder?*
Do you have a children's menu? *Haben Sie ein Kindermenü?*
chiropractor *n der Chiropraktiker m* p177
church *n die Kirche f* p114
cigar *n die Zigarre f* p138
cigarette *n die Zigarette f*
a pack of cigarettes *eine Schachtel Zigaretten*
cinema *n das Kino gn*
city *n die Stadt f* p61
claim *n die Reklamation f*
I'd like to file a claim. *Ich möchte etwas reklamieren.*
clarinet *n die Klarinette f*
class *n die Klasse f* p34
business class *die Businessklasse*
economy class *die Economyklasse*
first class *die Erste Klasse*
classical (music) *adj klassisch*
clean *adj sauber*
clean, to clean *v reinigen* **p20**
Please clean the room today. *Reinigen Sie bitte heute das Zimmer.*
clear *v räumen* **p20**
clear *adj klar* p159
climbing *n das Klettern gn* p155
climb, to climb *v klettern (mountain) / steigen (stairs)* **p20, 24**
to climb a mountain *bergsteigen*
to climb stairs *Treppen steigen*
close, to close *v schließen* **p24**
close (near) *nah* p5
closed *adj geschlossen* p49
cloudy *adj bewölkt* p113
clover *n der Klee m*
go clubbing, to go clubbing *v einen Nachtclub besuchen* **p20**
coat *n die Jacke f* p140
coffee *n der Kaffee m* p84
iced coffee *der Eiskaffee*
cognac *n der Kognak m* p81
coin *n die Münze f*
cold *n die Erkältung f* p99
I have a cold. *Ich habe eine Erkältung.*
cold *adj kalt* p113
I'm cold. *Mir ist kalt.*
It's cold out. *Es ist kalt draußen.*
coliseum *n die Sporthalle f*
collect *adj unfrei*
I'd like to place a collect call. *Ich möchte ein R-Gespräch führen.*
collect, to collect *v sammeln* **p20**

college *n die Hochschule f*
color *n die Farbe f* **p141**
color *v färben* **p20**
computer *n der Computer m*
concert *n das Konzert gn* p118
condition *n der Zustand m*
in good / bad condition *in gutem / schlechtem Zustand*
condom *n das Kondom gn* p171
Do you have a condom? *Hast du ein Kondom?*
not without a condom *nicht ohne Kondom*
condor *n der Kondor m*
confirm, to confirm *v bestätigen* **p20**
I'd like to confirm my reservation. *Ich möchte meine Reservierung bestätigen.*
confused *adj verwirrt*
congested *adj überfüllt*
connection speed *n die Verbindungsgeschwindigkeit f* p128
consequently *folglich adv* p15
consistent *konsequent adj* p15
constipated *adj verstopft*
I'm constipated. *Ich habe Verstopfung.*
contact lens *n die Kontaktlinse f*
I lost my contact lens. *Ich habe meine Kontaktlinse verloren.*
continue, to continue *v fortsetzen* **p20**
convertible *n das Cabrio gn*
cook, to cook *v kochen* **p20**
I'd like a room where I can cook. *Ich hätte gerne ein Zimmer mit Kochgelegenheit.*
cookie *n der Keks m* p89
copper *adj Kupfer-*
corner *n die Ecke f*
on the corner *an der Ecke*
correct *v korrigieren* **p23**
correct *adj richtig* p51
Am I on the correct train? *Bin ich im richtigen Zug?*
cost, to cost *v kosten* **p20**
How much does it cost? *Wie viel kostet das?*
Costa Rican *adj costaricanisch*
costume *n das Kostüm gn*
cotton *n die Baumwolle f* p139
cough *n der Husten m* p175
cough *v husten* **p20**
counter (in bar) *n die Theke f* p30
country-and-western *n die Country-Musik f* p116
court (legal) *n das Gericht gn* p183
court (sport) *n der Platz m*
courteous *adj zuvorkommend* p70
cousin *n der Cousin m, die Cousine f*

cover charge (in bar) *n der Eintrittspreis m* p164
cow *n die Kuh f*
crack (in glass object) *n der Sprung m*
craftsperson *n der Handwerker m, die Handwerkerin f* p110
cream *n die Sahne f* p84
credit card *n die Kreditkarte f* p121
Do you accept credit cards? *Akzeptieren Sie Kreditkarten?*
crib *n das Kinderbett gn* p61
crown (dental) *n die Krone f*
curb *n der Bordstein m*
curl *n die Locke f*
curly *adj gelockt* p106
currency exchange *n die Geldwechselstube f* p31, 121
Where is the nearest currency exchange? *Wo finde ich die nächste Geldwechselstube?*
current *aktuell adj* p15
current (water) *n die Strömung f*
customs *n der Zoll m* p33
cut (wound) *n der Schnitt m* p178
I have a bad cut. *Ich habe eine tiefe Schnittwunde.*
cut, to cut *v schneiden* **p24**
cybercafé *n das Internetcafé gn*
Where can I find a cybercafé? *Wo finde ich ein Internetcafé?*
Czech *n der Tscheche m, die Tschechin f* p109

D

damaged *adj beschädigt* p41
Damn! *expletive Verdammt!*
dance *v tanzen* **p20**
danger *n die Gefahr f* p49
Danish *n der Däne m, die Dänin f* p108
dark *n die Dunkelheit f*
dark *adj dunkel*
daughter *n die Tochter f* p105
day *n der Tag m* p149
the day before yesterday *vorgestern* p13
these last few days *die letzten paar Tage*
dawn *n die Morgendämmerung f* p12
at dawn *bei Tagesanbruch*
dazzle *v blenden* p15
deaf *adj taub*
deal (bargain) *n das Schnäppchen gn*
What a great deal! *Was für ein großartiges Schnäppchen!*
deal (cards) *v geben* **p24**
Deal me in. *Ich bin dabei.*
December *n der Dezember m* p14
declined *adj abgelehnt*

Was my credit card declined? *Wurde meine Kreditkarte nicht akzeptiert?*

declare *v verzollen (customs)* **p20**

I have nothing to declare. *Ich habe nichts zu verzollen.*

deep *adj tief* p157

delay *n die Verspätung f* p36

How long is the delay? *Wie viel beträgt die Verspätung?*

delighted *adj erfreut*

democracy *n die Demokratie f*

dent *v verbeulen* **p20**

He / She dented the car. *Er / Sie hat das Auto verbeult.*

dentist *n der Zahnarzt m* p177

denture *n das Gebiss gn*

denture plate *die Zahnprothese*

departure *n die Abreise f*

designer *n der Designer m, die Designerin f* p110

dessert *n die Nachspeise f* p80

dessert menu *die Dessertkarte*

destination *n das Ziel gn*

diabetic *adj Diabetiker-* p77

dial (a phone) *v wählen* **p20**

dial direct *durchwählen*

diaper *n die Windel f*

Where can I change a diaper? *Wo kann ich hier Windeln wechseln?*

diarrhea *n der Durchfall m* p176

dictionary *n das Wörterbuch gn*

different (other) *adj anders* p141

difficult *adj schwierig* p155

dinner *n das Abendessen gn* p119

directory assistance (phone) *n die Telefonauskunft f*

disability *n die Behinderung f*

disappear *v verschwinden* **p24**

disco *n die Disko f* p116

disconnected *adj unterbrochen* p126

Operator, I was disconnected. *Vermittlung, mein Gespräch wurde unterbrochen.*

discount *n der Preisnachlass m*

Do I qualify for a discount? *Bekomme ich einen Preisnachlass?*

dish *n das Gericht gn* p77

dive *v tauchen* **p20**

scuba dive *tauchen (mit Atemgerät)* p158

divorced *adj geschieden*

dizzy *adj benommen* p179

do, to do *v tun* **p24**

doctor *n der Arzt m, die Ärztin f* p110, 177
doctor's office *n die Arztpraxis f*
dog *n der Hund m* p36
service dog *der Blindenhund* p62
dollar *n der Dollar m*
dome *n die Kuppel f* p15
door *n die Tür f* p69
double *adj Doppel-* p8
double bed *das Doppelbett* p59
double vision *doppelt sehen*
down *adj abwärts* p5
download *v herunterladen* **p24**
downtown *n das Stadtzentrum gn* p137
dozen *n das Dutzend gn* p11
drain *n der Abfluss m*
drama *n das Drama gn*
drawing (work of art) *n die Zeichnung f*
dress (garment) *n das Kleid gn*
dress (general attire) *n die Kleidung f* p164
What's the dress code? *Welche Kleidung ist vorgeschrieben?*
dress *v anziehen* **p24, 29**
Should I dress up for that affair? *Muss ich mich dafür herausputzen?*
dressing (salad) *n das Dressing gn*
dried *adj getrocknet / Trocken-* p96
drink *n das Getränk gn* p165
I'd like a drink. *Ich hätte gerne etwas zu trinken.*
drink, to drink *v trinken* **p24**
drip *v tropfen* **p20**
drive *v fahren* **p24**
driver *n der Fahrer m* p49
driving range *n die Driving Range f*
drum *n die Trommel f*
dry *adj trocken*
This towel isn't dry. *Dieses Handtuch ist nicht trocken.*
dry, to dry *v trocknen* **p20**
I need to dry my clothes. *Ich muss meine Kleidung trocknen.*
dry cleaner *n die chemische Reinigung f*
dry cleaning *n das chemische Reinigen gn*
duck *n die Ente f*
Dutch *n der Niederländer m, die Niederländerin f* p108
duty-free *adj zollfrei* p31
duty-free shop *n der Duty-free-Shop m* p31
DVD *n die DVD f* p44
Do the rooms have DVD players? *Gibt es auf den Zimmern einen DVD-Player?*
Where can I rent DVDs or videos? *Wo kann ich DVDs oder Videos ausleihen?*

E

early *adj früh* p12

It's early. *Es ist früh.*

eat *v essen* **p24**

to eat out *auswärts essen*

economy *n die Wirtschaft f*

editor *n der Redakteur m, die Redakteurin f* p110

educator *n der Erzieher m, die Erzieherin f* p110

eight *n acht* p7

eighteen *n Achtzehn* p7

eighth *n achter* p9

eighty *n achtzig* p7

election *n die Wahl f* p114

electrical hookup *n der Elektroanschluss m* p71

elevator *n der Aufzug m* p61

eleven *n elf* p7

e-mail *n die E-Mail f* p112

May I have your e-mail address? *Kann ich Ihre (formal) / deine (informal) E-Mail-Adresse haben?*

e-mail message *die E-Mail-Nachricht*

e-mail, to send e-mail *v eine E-Mail senden* **p20**

embassy *n die Botschaft f*

emergency *n der Notfall m*

emergency brake *n die Notbremse f*

emergency exit *n der Notausgang m* p34

employee *n der Mitarbeiter m, die Mitarbeiterin f* p110

employer *n der Arbeitgeber m*

engine *n der Motor m* p46

engineer *n der Ingenieur m, die Ingenieurin f* p110

England *n England*

English *n, adj englisch, der Engländer m, die Engländerin f* p64, 108

Do you speak English? *Sprechen Sie Englisch?* p2

enjoy, to enjoy *v genießen* **p24**

enter, to enter *v betreten* **p24**

Do not enter. *Kein Eingang.*

enthusiastic *adj begeistert* p109

entrance *n der Eingang m* p33

envelope *n das Kuvert gn* p130

environment *n die Umwelt f*

escalator *n die Rolltreppe f*

espresso *n der Espresso m*

exchange rate *n der Wechselkurs m* p121

What is the exchange rate for US / Canadian dollars? *Welcher Wechselkurs gilt für US-Dollar / kanadische Dollar?*

excuse (pardon) *v entschuldigen* **p20**

Excuse me. *Entschuldigung.*

exhausted *adj erschöpft*

exhibit *n die Ausstellung f*

exit *n der Ausgang m* p33

not an exit *kein Ausgang*

exit *v verlassen* **p24**
expensive *adj teuer* p164
explain *v erklären* **p20**
express *adj Express-* p34, 53
express check-in *der Express-Check-In*
extra (additional) *adj zusätzlich* p66
extra-large *adj besonders groß*
eye *n das Auge gn* p177
eyebrow *n die Augenbraue f*
eyeglasses *n die Brille f*
eyelash *n die Wimper f*

F

fabric *n der Stoff m*
face *n das Gesicht gn* p107
faint *v ohnmächtig werden* **p24**
fall (season) *n der Herbst m*
fall *v fallen* **p24**
family *n die Familie f* p103
fan *n der Ventilator (blower) / der Fan (sport) m*
far *weit* p5
How far is it to _____? *Wie weit ist es nach / zur / zum _____?*
fare *n der Fahrpreis m*
fast *adj schnell* p49, 128
fat *adj beleibt* p11, 107
father *n der Vater m* p103
faucet *n der Wasserhahn m*
fault *n der Fehler m* p49
I'm at fault. *Es war mein Fehler.*
It was his fault. *Es war sein Fehler.*
fax *n das Fax gn* p111
February *n der Februar m* p13
fee *n die Gebühr f*
female *adj weiblich*
fiancé(e) *n der Verlobte m, die Verlobte f* p104
fifteen *adj fünfzehn* p7
fifth *adj fünfter* p9
fifty *adj fünfzig m* p7
find *v finden* **p24**
fine (for traffic violation) *n die Strafe f* p183
fine *gut* p1
I'm fine. *Mir geht es gut.*
fire! *n Feuer! gn*
first *adj erste / erster / erstes* p9
fishing pole *n die Angelrute f*
fitness center *n das Fitness-Center gn* p59
fit (clothes) *v passen* **p20, 141**
Does this look like it fits? *Passt mir das?*
fitting room *n die Umkleidekabine f*
five *adj fünf* p7
flight *n der Flug m* p32
Where do domestic flights arrive / depart? *Wo finde ich den Ankunftsbereich / Abflugbereich für Inlandsflüge?*
Where do international flights arrive / depart?

Wo finde ich den Ankunftsbereich / Abflugbereich für Auslandsflüge?
What time does this flight leave? *Welche Abflugzeit hat dieser Flug?*
flight attendant *der Flugbegleiter (m) / die Flugbegleiterin (f)*
floor *n die Etage f* p61
ground floor *das Erdgeschoß*
second floor *das erste Stockwerk*
**Note that in German, the second floor is called the first, the third is the second, etc.*
flower *n die Blume f*
flush (gambling) *n der Flush m*
flush, to flush *v spülen* **p20**
This toilet won't flush. *Die Toilettenspülung funktioniert nicht.*
flute *n die Flöte f*
food *n das Essen gn* p80
foot (body part, measurement) *n (der) Fuß*
forehead *n die Stirn f*
formula *n die Formel f*
Do you sell infants' formula? *Haben Sie Säuglingsanfangsnahrung?*
forty *adj vierzig* p7
forward *adj vorwärts* p6
four *adj vier* p7
fourteen *adj vierzehn* p7
fourth *adj vierter* p9
one-fourth *ein Viertel*
fragile *adj zerbrechlich* p129
freckle *n die Sommersprosse f*
French *n der Franzose m, die Französin f* p108
fresh *adj frisch* p90
Friday *n der Freitag m* p13
friend *n der Freund m, die Freundin f* p103
front *adj Vorder-* p34
front desk *die Rezeption* p65
front door *die Vordertür*
fruit *n die Frucht f* p89
fruit juice *n der Fruchtsaft m*
full, to be full (after a meal) *adj satt* p82
Full house! *n Full House!*
fuse *n die Sicherung f*

G

garlic *n der Knoblauch m* p95
gas *n das Gas (for cooking) n, das Benzin (for cars) gn* p46
gas gauge *die Tankanzeige*
out of gas *kein Benzin mehr*
gate (at airport) *n das Gate gn* p30
German *n der/die Deutsche m/f* p108
gift *n das Geschenk gn*
gin *n der Gin m* p81
girl *n das Mädchen gn*
girlfriend *n die Freundin f* p103
give, to give *v geben* **p24**

glass *n das Glas gn* p76
Do you have it by the glass? *Schenken Sie das als offenes Getränk aus?*
I'd like a glass please. *Ich hätte gerne ein Glas.*
glasses (eye) *n die Brille f*
I need new glasses. *Ich brauche eine neue Brille.*
glove *n der Handschuh m* p161
go, to go *v gehen* **p24**
goal (sport) *n das Tor gn*
goalie *n der Torwart m* p152
gold *adj Gold-*
golf *n das Golf(-spiel) gn* p42
golf, to go golfing *v Golf spielen* **p20**
good *adj gut* p99
goodbye *n der Abschied m* p100
grade (school) *n die Note f*
gram *n das Gramm gn*
grandfather *n der Großvater m*
grandmother *n die Großmutter f*
grandparents *n die Großeltern pl only*
grape *n die Traube f*
gray *adj grau*
great *adj großartig*
Greek *n der Grieche m, die Griechin f* p108
Greek Orthodox *adj griechisch-orthodox* p115
green *adj grün* p107
groceries *n die Lebensmittel gn*
group *n die Gruppe f* p37
grow, to grow (get larger) *v wachsen* **p24**
Where did you grow up? *Wo sind Sie (formal) / bist du (informal) aufgewachsen?*
guard *n der Wachmann m* p30
security guard *der Sicherheitsbeamte*
guest *n der Gast m*
guide (of tours) *n der Fremdenführer / die Fremdenführerin m/f* p135
guide (publication) *n der Reiseführer m*
guide, to guide *v führen* **p20**
guided tour *n die Fremdenführung f*
guitar *n die Gitarre f* p117
gym *n das Fitnessstudio gn* p149
gynecologist *n der Frauenarzt m*

H

hair *n das Haar gn, die Haare pl*
haircut *n der Haarschnitt m*
I need a haircut. *Ich muss mir die Haare schneiden lassen.*
How much is a haircut? *Wie viel kostet ein Haarschnitt?*
hairdresser *n der Frisör m, die Frisörin f*
hair dryer *n der Haartrockner m* p67

half *n die Hälfte f*
one-half *halb-* p8
hallway *n der Gang m*
hand *n die Hand f* p168
handicapped-accessible *adj behindertengerecht*
handle, to handle *v handhaben* **p20**
handsome *adj gut aussehend* p105
hangout (hot spot) *n der Treff m*
hang out (to relax) *v entspannen / abhängen (slang)* **p20, 24**
hang up (to end a phone call) *v auflegen* **p20**
hanger *n der Kleiderbügel m*
happy *adj fröhlich* p109
hard *adj schwierig* **(difficult),** *hart* **(firm)** p42
hat *n der Hut m*
have *v haben* **p24**
hazel *adj nussbraun* p107
headache *n die Kopfschmerzen pl* p99
headlight *n der Scheinwerfer m*
headphones *n der Kopfhörer m*
hear *v hören* **p20**
hearing-impaired *adj hörgeschädigt*
heart *n das Herz gn* p178
heart attack *n der Herzinfarkt m* p178
hello *n Hallo* p1
Help! *n Hilfe!*
help, to help *v helfen* **p24**
hen *n die Henne f*
her *adj ihr* p3
herb *n das Kraut gn*
here *n hier* p5
high *adj hoch* p160
highlights (hair) *n die Strähnchen pl* p148
highway *n die Autobahn f*
hike, to hike *v wandern* **p20**
him *pron ihm / ihn* p3
hip-hop *n Hiphop* p163
his *adj sein / seine*
historical *adj historisch*
history *n die Geschichte f* p119
hobby *n das Hobby gn*
hold, to hold *v halten* **p24**
to hold hands *Händchen halten*
Would you hold this for me? *Könnten Sie (formal) / Kannst du (informal) das bitte für mich halten?*
hold, to hold (to pause) *v innehalten* **p24**
Hold on a minute! *Einen Moment bitte!*
I'll hold. *Ich warte.*
hold, to hold (gambling) *v schieben* **p22**
holiday *n der Feiertag m*
home *n das Zuhause gn, das Haus gn*
homemaker *n die Hausfrau f*
horn *n die Hupe f*
horse *n das Pferd gn*

hostel *n die Jugendherberge f* p58
hot *adj heiß* p82
hot chocolate *n die heiße Schokolade f* p82
hotel *n das Hotel gn* p58
Do you have a list of local hotels? *Haben Sie eine Liste der örtlichen Hotels?*
hour *n die Stunde f* p127
hours (at museum) *n die Öffnungszeiten pl*
how *adv wie* p3, 11
humid *adj feucht* p113
hundred *n Hundert*
hurry *v sich beeilen* **p29**
I'm in a hurry. *Ich bin in Eile.*
Hurry, please! *Beeilung, bitte!*
hurt, to hurt *v verletzen* **p20**
Ouch! That hurts! *Autsch! Das tut weh!*
husband *n der Ehemann m* p103

I

I *pron ich* p3
ice *n das Eis gn* p79
identification *n die Papiere pl* p38
indigestion *n die Verdauungsstörung f*
inexpensive *adj günstig* p32
infant *n das Kleinkind gn*
Are infants allowed? *Sind Kleinkinder erlaubt?*
information *n die Information f*
information booth *n der Informationsstand m*
insect repellent *n das Insektenschutzmittel gn* p176
inside *drinnen* p76
insult *v beleidigen* **p20**
insurance *n die Versicherung f* p183
intercourse (sexual) *n der (Geschlechts-)Verkehr m*
interest rate *n der Zinssatz m* p121
intermission *n die Pause f*
Internet *n das Internet gn* p31
High-speed Internet *Hochgeschwindigkeits-Internet*
Do you have Internet access? *Haben Sie einen Internetanschluss?*
Where can I find an Internet café? *Wo finde ich ein Internetcafé?*
interpreter *n der Dolmetscher / die Dolmetscherin m/f* p184
I need an interpreter. *Ich benötige einen Dolmetscher.*
introduce, to introduce *v vorstellen* **p20**
I'd like to introduce you to ____. *Ich möchte Sie (formal) / dich (informal) mit _____ bekannt machen.*

Ireland *n Irland*
Irish *n der Ire m, die Irin f* p108
is *v See* **be (to be) p23**
Italian *n der Italiener m, die Italienerin f* p108

J

jacket *n die Jacke f* p39
January *n der Januar m* p13
Japanese *adj japanisch* p72
jazz *n der Jazz m* p116
Jewish *adj jüdisch* p115
jog, to run *v joggen* **p20**
juice *n der Saft m* p89
June *n der Juni m* p13
July *n der Juli m* p13

K

keep, to keep *v behalten* **p24**
kid *n das Kind gn*
Are kids allowed? *Sind Kinder erlaubt?*
Do you have kids' programs? *Haben Sie ein Programm für Kinder?*
Do you have a kids' menu? *Haben Sie ein Kindermenü?*
kilo *n das Kilo gn* p10
kilometer *n der Kilometer m*
kind (type) *n die Art f*
What kind is it? *Um welche Art handelt es sich?*
kiss *n der Kuss m* p169
kitchen *n die Küche f* p65
know, to know (something) *v (etwas) wissen* **p33**
know, to know (someone) *v (jemanden) kennen* **p26**
kosher *adj koscher* p77

L

lactose-intolerant *adj mit Laktoseunverträglichkeit* p78
land, to land *v landen* **p20**
landscape *n die Landschaft f*
language *n die Sprache f*
laptop *n das Notebook gn* p146
large *adj groß* p11
last, to last *v dauern* **p20**
last *adv letzter* p9
late *adj spät* p12
Please don't be late. *Bitte pünktlich sein.*
later *adv später*
See you later. *Bis später.*
laundry *n die Wäscherei f* p66
lavender *adj Lavendel-*
law *n das Gesetz gn*
lawyer *n der Anwalt / die Anwältin m/f* p110
least *n das Mindeste gn*
least *adj mindestens*
leather *n das Leder gn* p42
leave, to leave (depart) *v abreisen* **p20**
left *adj links* p5
on the left *auf der linken Seite*
leg *n das Bein gn*
lemonade *n die Limonade f*
less *adj weniger* p143

lesson *n die Unterrichtseinheit f* p161
license *n die Lizenz f* p183
driver's license *der Führerschein*
life preserver *n die Schwimmweste f*
light *n* **(lamp)** *das Licht gn* p46
light (for cigarette) *n das Feuer gn* p165
May I offer you a light? *Darf ich Ihnen (formal) / dir (informal) Feuer geben?*
lighter (cigarette) *n das Feuerzeug m* p166
like, desire *v gern haben* **p24**
I would like ____. *Ich hätte gerne _____.*
like, to like *v gefallen* **p34**
I like this place. *Mir gefällt es hier.*
limo *n die Limousine f* p50
liquor *n das alkoholische Getränk gn* p37
liter *n der Liter m* p10
little *adj klein* (size), *gering* (amount)
live, to live *v leben* **p20**
Where do you live? *Wo wohnen Sie? (formal) / Wo wohnst du? (informal)*
living *n der Lebensunterhalt m* p110
What do you do for a living? *Was machen Sie (formal) / machst du (informal) beruflich?*
local *adj örtlich* p53
lock *n das Schloss gn* p150
lock, to lock *v abschließen* **p24**
I can't lock the door. *Die Tür lässt sich nicht abschließen.*
I'm locked out. *Ich bin ausgesperrt.*
locker *n der Spind m* p150
storage locker *der Aufbewahrungsschrank*
locker room *die Umkleide* p151
long *adv lang* p11
For how long? *Für wie lange?*
long *adj lang*
look, to look *v* **(to observe)** *umsehen* **p24**
I'm just looking. *Ich sehe mich nur um.*
Look here! *Schau her!*
look, to look *v* **(to appear)** *aussehen* **p24**
How does this look? *Wie sieht das aus?*
look for, to look for (to search) *v suchen* **p20**
I'm looking for a porter. *Ich suche einen Träger für mein Gepäck.*
loose *adj locker* p140
lose, to lose *v verlieren* **p24**
I lost my passport. *Ich habe meinen Pass verloren.*
I lost my wallet. *Ich habe meine Geldbörse verloren.*

I'm lost. *Ich habe mich verirrt.*
lost *See* **lose** *verlieren* p38
loud *adj laut* p69
loudly *adv laut*
lounge *n das Foyer gn*
lounge, to lounge *v faulenzen* **p20**
love *n die Liebe f*
love, to love *v lieben* **p20**
to love (family) *lieben*
to love (a friend) *mögen*
to love (a lover) *lieben*
to make love *miteinander schlafen*
low *adj niedrig* p77
lunch *n das Mittagessen gn* p74
luggage *n das Gepäck gn* p31
Where do I report lost luggage? *Wo kann ich verloren gegangenes Gepäck melden?*
Where is the lost luggage claim? *Wo finde ich die Ausgabe für verloren gegangenes Gepäck?*

M
machine *n die Maschine f* p66
made of *adj aus*
magazine *n die Zeitschrift f*
maid (hotel) *n das Zimmermädchen gn*
maiden *adj Mädchen-*
That's my maiden name. *Das ist mein Mädchenname.*
mail *n die Post f*
air mail *die Luftpost*
registered mail *das Einschreiben*
mail *v versenden* **p20**
make, to make *v machen* **p20**
makeup *n das Make-up gn*
make up, to make up (apologize) *v wiedergutmachen* **p20**
make up, to make up (apply cosmetics) *v schminken* **p20**
male *n der Mann m* p38
male *adj männlich*
mall *n das Einkaufszentrum gn*
man *n der Mann m*
manager *n der Manager / die Managerin m/f*
manual (instruction booklet) *n das Handbuch gn* p45
many *adj viele* p10
map *n die Karte f* p43
March (month) *n der März m* p13
market *n der Markt m* p141
flea market *Flohmarkt* p138
open-air market *der Freiluftmarkt*
married *adj verheiratet* p104
marry, to marry *v heiraten* **p20**
massage, to massage *v massieren* **p20, 170**

match (sport) *n das Spiel gn*
match *n das Streichholz gn*
book of matches *das Streichholzbriefchen*
match, to match *v passen* **p20**
Does this match my outfit? *Passt das zu meinem Outfit?*
May (month) *n der Mai m* p13
may *v aux dürfen* **p24**
May I? *Darf ich?*
meal *n die Mahlzeit f* p35
meat *n das Fleisch gn* p79
meatball *n die Frikadelle f*
medication *n das Medikament gn*
medium (size) *adj mittel*
medium rare (meat) *adj halb gar* p76
medium well (meat) *adj medium* p77
member *n das Mitglied gn*
menu *n die Speisekarte f* p74
May I see a menu? *Könnte ich bitte die Speisekarte bekommen?*
children's menu *Kindermenü*
diabetic menu *Diabetikermenü*
kosher menu *koscheres Menü*
metal detector *n der Metalldetektor m*
meter *n der Meter m* p10
middle *adj Mittel-*
midnight *n Mitternacht f*
military *n das Militär gn*
milk *n die Milch f* p82
milk shake *der Milchshake*
milliliter *n der Milliliter m*
millimeter *n der Millimeter m*
minute *n die Minute f* p4
in a minute *sofort*
miss, to miss (a flight) *v verpassen* **p20**
missing *adj fehlend*
mistake *n der Fehler m* p70
moderately priced *adj der mittleren Preiskategorie* p58
mole (facial feature) *n das Muttermal gn*
Monday *n der Montag m* p12
money *n das Geld gn* p120
money transfer *die Überweisung*
month *n der Monat m* p4
morning *n der Morgen m* p12
in the morning *morgens*
mosque *n die Moschee f*
mother *n die Mutter f* p103
mother, to mother *v bemuttern* **p20**
motorcycle *n das Motorrad gn*
mountain *n der Berg m*
mountain climbing *das Bergsteigen* p155
mouse *n die Maus f*
mouth *n der Mund m*
move, to move *v bewegen* **p20**
movie *n der Film m* p132
much *n viel* p10

mug, to mug (someone) *v überfallen* **p24**
mugged *adj überfallen*
museum *n das Museum gn* p118
music *n die Musik f* p116
live music *die Livemusik*
musician *n der Musiker m, die Musikerin f* p110
muslim *adj muslimisch* p115
mustache *n der Schnurrbart m*
mystery (novel) *n der Mystery-Roman m*

N

name *n der Name m* p102
My name is ___. *Ich heiße ___.* p1
What's your name? *Wie heißen Sie? (formal) / Wie heißt du? (informal)*
napkin *n die Serviette f*
narrow *adj schmal* p11
nationality *n die Nationalität f*
nausea *n die Übelkeit f* p176
near *adj nähe* p5
nearby *adj in der Nähe* p73
neat (tidy) *adj ordentlich*
need, to need *v benötigen* **p20**
neighbor *n der Nachbar m, die Nachbarin f* p103
nephew *n der Neffe m* p104
network *n das Netzwerk gn*
new *adj neu* p150
newspaper *n die Zeitung f*
newsstand *n der Zeitungsstand m* p31
New Zealand *n Neuseeland*
New Zealander *adj der Neuseeländer m, die Neuseeländerin f*
next *prep neben*
next to *neben*
the next station *der nächste Halt*
nice *adj nett*
niece *n die Nichte f* p104
night *n die Nacht f* p12
at night *nachts*
per night *pro Übernachtung* p62
nightclub *n der Nachtclub m*
nine *adj neun* p7
nineteen *adj neunzehn* p7
ninety *adj neunzig* p7
ninth *adj neunter* p9
no *adv nein* p1
noisy *adj laut* p68
none *n keiner, keine, kein* p10
nonsmoking *adj Nichtraucher-*
nonsmoking area *der Nichtraucherbereich*
nonsmoking room *das Nichtraucherzimmer*
noon *n der Mittag m* p12
Norwegian *n der Norweger m, die Norwegerin f* p109
nose *n die Nase f* p177
novel *n der Roman m*
November *n der November m* p14

now *adv jetzt* p4
number *n die Nummer f* p112
Which room number? *Welche Zimmernummer?*
May I have your phone number? *Kann ich bitte Ihre Telefonnummer haben?*
nurse *n der Krankenpfleger m*, die Krankenpflegerin *f* p110
nurse *v stillen* **p20**
Do you have a place where I can nurse? *Haben Sie einen Raum zum Stillen?*
nursery *n die Kinderkrippe f*
Do you have a nursery? *Haben Sie eine Kinderkrippe?*
nut *n die Nuss f*

O

o'clock *adv Uhr* p4
two o'clock *zwei Uhr*
October *n der Oktober m* p14
offer, to offer *v anbieten* **p24**
officer *n der Polizist m, die Polizistin f* p38
oil *n das Öl gn* p46, 77
okay *adv OK, in Ordnung*
old *adj alt*
olive *n die Olive f*
one *adj ein / eine* p7
one way (traffic sign) *adj Einbahnstraße*
open (business) *adj geöffnet* p142
Are you open? *Haben Sie geöffnet?*
opera *n die Oper f* p116
operator (phone) *n die Vermittlung f*
optometrist *n der Optiker m, die Optikerin f*
orange (color) *adj orange*
orange juice *n der Orangensaft m* p39
order, to order (demand) *v befehlen* **p24**
order, to order (request) *v bestellen* **p20**
organic *adj Bio-*
Ouch! *interj Au!*
outside *n draußen* p76
overcooked *adj zerkocht*
overheat, to overheat *v überhitzen* **p20, 35**
The car overheated. *Das Auto hat sich überhitzt.*
overflowing *adv überlaufend*
oxygen tank *n die Sauerstoffflasche f*

P

package *n das Paket gn* p97
pacifier *n der Schnuller m*
page, to page (someone) *v anpiepen* **p20**
paint, to paint *v streichen* **p24**
painting *n das Gemälde gn*
pale *adj blass* p106
paper *n das Papier gn* p89
parade *n der Umzug m*
parent *n der Elternteil m*

park *n der Park m* p119
park, to park *v parken* **p20**
no parking *das Parkverbot*
parking fee *die Parkgebühr*
parking garage *das Parkhaus*
partner *n der Partner m, die Partnerin f*
party *n die Partei f* p114
party *n die Party f*
political party *die Partei*
pass, to pass *v passen* **p20**
I'll pass. *Ich passe.*
passenger *n der Passagier m*
passport *n der Ausweis m*
I've lost my passport. *Ich habe meinen Ausweis verloren.*
pay, to pay *v bezahlen* **p20**
peanut *n die Erdnuss f*
pedestrian *adj Fußgänger-*
pediatrician *n der Kinderarzt m, die Kinderärztin f*
Can you recommend a pediatrician? *Können Sie mir einen Kinderarzt empfehlen?*
permit *n die Genehmigung f*
Do we need a permit? *Benötigen wir eine Genehmigung?*
permit, to permit *v erlauben* **p20**
phone *n das Telefon gn* p168
May I have your phone number? *Kann ich bitte Ihre Telefonnummer haben?*
Where can I find a public phone? *Wo finde ich eine Telefonzelle?*
phone operator *die Vermittlung*
Do you sell prepaid phones? *Verkaufen Sie Prepaid-Telefone?*
phone *adj Telefon-*
Do you have a phone directory? *Haben Sie ein Telefonbuch?*
phone call *n der Telefonanruf m*
I need to make a collect phone call. *Ich möchte ein R-Gespräch führen.*
an international phone call *ein Auslandsgespräch*
photocopy, to photocopy *v (foto-)kopieren* **p20**
piano *n das Klavier gn* p117
pillow *n das Kissen gn* p40
down pillow *das Daunenkissen*
pink *adj rosa*
pizza *n die Pizza f* p72
place, to place *v platzieren* **p20**
plastic *n der Kunststoff m* p42
play *n das Theaterstück gn*
play, to play (a game) *v spielen* **p20**
play, to play (an instrument) *v spielen* **p20**
playground *n der Spielplatz m*

Do you have a playground? *Haben Sie einen Spielplatz?*

please (polite entreaty) *adv bitte*

please, to be pleasing to *v gefallen* **p28**

pleasure *n die Freude f* p1

It's a pleasure. *Freut mich.*

plug *n der Stecker m* p145

plug, to plug *v einstecken* **p20**

point, to point *v zeigen, weisen* **p20, 24**

Would you point me in the direction of ____? *Wie komme ich zu / zum / zur ____?*

poison *n das Gift gn* p15

police *n die Polizei f* p30

police station *n die Polizeiwache f* p30

Polish *n der Pole m, die Polin f* p109

pool *n der (Swimming-)Pool m* p58

pool (the game) *n das Poolbillard gn*

pop music *n die Popmusik f*

popular *adj beliebt* p164

port (beverage) *n der Portwein m*

port (for ship) *n der Hafen* m

porter *n der Portier m* p30

portion *n die Portion f*

portrait *n das Porträt gn*

Portuguese *n der Portugiese m, die Portugiesin f* p108

postcard *n die Postkarte f*

post office *n das Postamt gn*

Where is the post office? *Wo befindet sich das Postamt?*

poultry *n das Geflügel gn*

pound *n das Pfund gn* p97

prefer, to prefer *v bevorzugen* **p20**

pregnant *adj schwanger*

prepared *adj vorbereitet*

prescription *n das Rezept gn* p38

price *n der Preis m*

print, to print *v drucken* **p20**

private berth / cabin *n eine eigene Kabine f* p54

problem *n das Problem gn* p2

process, to process *v verarbeiten* **p20**

product *n das Produkt gn*

professional *adj professionell*

program *n das Programm gn*

May I have a program? *Geben Sie mir bitte ein Programm.*

Protestant *n der Protestant m die Protestantin f*

publisher *n der Verleger m die Verlegerin f*

puff *n der Hauch / Zug m* p15

pull, to pull *v ziehen* **p24**

purple *adj violett*

purse *n die Handtasche f*

push, to push *v drücken* **p20**

put, to put *v setzen, stellen, legen* **p20**

Q

quarter *adj Viertel-* p8
one-quarter *Viertel-*
quiet *adj ruhig* p76

R

rabbit *n der Hase m* p86
radio *n das Radio gn* p43
satellite radio *das Satellitenradio*
rain, to rain *v regnen* **p20**
Is it supposed to rain? *Soll es regnen?*
rainy *adj regnerisch* p113
It's rainy. *Es ist regnerisch.*
ramp (wheelchair) *n die Rampe (Rollstuhl) f* p57
rare (meat) *adj blutig* p76
rate (for car rental, hotel) *n der Preis m* p44
What's the rate per day? *Wie hoch ist der Preis pro Tag?*
What's the rate per week? *Wie hoch ist der Preis pro Woche?*
rate plan (cell phone) *n die Tariftabelle f*
rather *adv lieber*
read, to read *v lesen* **p24**
really *adv wirklich*
receipt *n die Quittung f* p121
receive, to receive *v erhalten* **p23**
recommend, to recommend *v empfehlen* **p24**
red *adj rot* p173
redhead *n der Rothaarige m, die Rothaarige f* p106
reef *n das Riff gn* p158
refill to refill (of beverage) *v nachschenken*
refill (of prescription) *n die erneute Einlösung f* p177
reggae *adj Reggae-* p116
relative (family) *n der / die Verwandte m/f*
remove, to remove *v entfernen* **p20**
rent, to rent *v mieten* **p20**
I'd like to rent a car. *Ich möchte ein Auto mieten.*
repeat, to repeat *v wiederholen* **p20**
Would you please repeat that? *Könnten Sie das bitte wiederholen?* p2
reservation *n die Reservierung f*
I'd like to make a reservation for ____. *Ich möchte eine Reservierung für ____.* p62
See p7 for numbers.
restaurant *n das Restaurant gn*
Where can I find a good restaurant? *Wo finde ich ein gutes Restaurant?* p72
restroom *n die Toilette f* p30
Do you have a public restroom? *Gibt es hier eine öffentliche Toilette?*

return, to return (to a place) *v zurückkehren* **p20**
return, to return (something to a store) *v zurückgeben* **p24**
ride, to ride *v fahren (vehicle) / reiten (horse)* **p23**
right *adj rechts* p48
____ is on the right. *____ befindet sich auf der rechten Seite.*
Turn right at the corner. *Biegen Sie an der Ecke nach rechts ab.*
rights *n die Rechte gn, pl*
civil rights *die Bürgerrechte*
river *n der Fluss m* p157
road *n die Straße f* p48
road closed sign *n das Straßensperrschild gn* p49
rob, to rob *v ausrauben* **p20**
I've been robbed. *Ich wurde ausgeraubt.*
rock and roll *n Rock'n'Roll m*
rock climbing *n das Felsenklettern gn*
rocks (ice) *n die Würfel f, pl* p80
I'd like it on the rocks. *Ich hätte das gerne auf Eis.*
romance (novel) *n der Liebesroman m*
romantic *adj romantisch*
room (hotel) *n das Zimmer gn*
room for one / two *Einzelzimmer / Doppelzimmer*
room service *der Zimmerservice*
rose *n die Rose f*
royal flush *n der Royal Flush m*
rum *n der Rum m* p81
run, to run *v rennen* **p24**
Russian *n der Russe m, die Russin f* p109

S

sad *adj traurig* p109
safe (for storing valuables) *n der Tresor m* p67
Do the rooms have safes? *Verfügen die Zimmer über einen Tresor?*
safe (secure) *adj sicher*
Is this area safe? *Ist dieses Gebiet sicher?*
sail *n das Segel gn*
sail, to sail *v ablegen (start) / segeln (on a sailboat)* **p20**
When do we sail? *Wann legen wir ab?* p54
salad *n der Salat m* p97
salesperson *n der Verkäufer m, die Verkäuferin f* p110
salt *n das Salz gn* p95
Is that low-salt? *Enthält das wenig Salz?*
satellite *n der Satellit m* p43
satellite radio *das Satellitenradio*
satellite tracking *das Navigationssystem*
Saturday *n der Sonntag m* p13

sauce *n die Soße f*
say, to say *v sagen* **p20**
scan, to scan *v* **(document)** *scannen* **p20**
schedule *n der Fahrplan m*
school *n die Schule f*
scooter *n der Roller m* p43
score *n der Spielstand f* p154
Scottish *adj schottisch*
scratched *adj zerkratzt* p45
scratched surface *die zerkratzte Oberfläche*
scuba dive, to scuba dive *v tauchen (mit Atemgerät)* **p20**
sculpture *n die Skulptur f*
seafood *n die Meeresfrüchte f, pl* p73
search *n die Suche f*
hand search *das Abtasten*
search, to search *v suchen* **p20**
seasick *adj seekrank* p54
I am seasick. *Ich bin seekrank.*
seasickness pill *n die Tablette gegen Seekrankheit f*
seat *n der Platz m* p34, 134
child seat *der Kindersitz*
second *adj zweiter* p9
security *n die Sicherheit f* p30
security checkpoint *die Sicherheitsschleuse*
security guard *der Sicherheitsbeamte*
sedan *n die Limousine f* p43
see, to see *v sehen* **p24**
May I see it? *Dürfte ich das mal sehen?*
self-serve *adj Selbstbedienungs-*
sell, to sell *v verkaufen* **p20**
seltzer *n das Selters gn* p80
send, to send *v versenden* **p20**
separated (marital status) *adj getrennt lebend* p104
September *n der September m* p14
serve, to serve *v servieren* **p20**
service *n der Service m* p36
services (religious) *n der Gottesdienst m* p115
service charge *n die Servicegebühr f* p64
seven *adj sieben* p7
seventy *adj siebzig* p7
seventeen *adj siebzehn* p7
seventh *adj siebter* p9
sew, to sew *v nähen* **p20**
sex (gender) *n das Geschlecht gn*
sex, to have (intercourse) *v Sex haben* **p24**
shallow *adj seicht*
sheet (bed linen) *n das Bettlaken gn*
shellfish *n das Schalentier gn* p79
ship *n das Schiff gn* p54
ship, to ship *v versenden* **p20**

How much to ship this to ____? *Wie viel kostet der Versand hiervon nach ____?*

shipwreck *n das Schiffswrack gn*

shirt *n das Hemd gn*

shoe *n der Schuh m* p137

shop *n das Geschäft gn* p138

shop *v einkaufen* **p20**

I'm shopping for mens' clothes. *Ich bin auf der Suche nach Herrenbekleidung.*

I'm shopping for womens' clothes. *Ich bin auf der Suche nach Damenbekleidung.*

I'm shopping for childrens' clothes. *Ich bin auf der Suche nach Kinderbekleidung.*

short *adj kurz* p10

shorts *n die kurze Hose f* p75

shot (liquor) *n der Kurze m*

shout *v rufen* **p24**

show (performance) *n die Vorstellung f*

What time is the show? *Wann beginnt die Vorstellung?*

show, to show *v zeigen* **p20**

Would you show me? *Könnten Sie mir das bitte zeigen?*

shower *n die Dusche f* p60

Does it have a shower? *Gibt es eine Dusche?*

shower, to shower *v duschen* **p20, 29**

shrimp *n die Garnele f* p91

shuttle bus *n der Pendelbus m*

sick *adj krank* p41

I feel sick. *Mir ist schlecht.*

side *n die Beilage f* p78

on the side (e.g., salad dressing) *dazu*

sidewalk *n der Gehweg m*

sightseeing *n das Sightseeing gn*

sightseeing bus *n der Sightseeing-Bus m*

sign, to sign *v unterschreiben* **p24**

Where do I sign? *Wo muss ich unterschreiben?*

silk *n die Seide f* p139

silver *adj Silber-*

sing, to sing *v singen* **p24**

single (unmarried) *adj ledig* p104

Are you single? *Sind Sie ledig?*

single (one) *adj Einzel-*

single bed *das Einzelbett*

sink *n das Waschbecken gn*

sister *n die Schwester f* p103

sit, to sit *v sitzen*

six *adj sechs* p7

sixteen *adj sechzehn* p7

sixty *adj sechzig* p7

size (clothing, shoes) *n die Kleidergröße f* p139

skin *n die Haut f*
sleeping berth *n das Schlafabteil gn*
slow *adj langsam* p168
slow, to slow *v verlangsamen* **p20**
Slow down! *Fahren Sie bitte langsamer.* p51
slow(ly) *adv langsam*
Speak more slowly. *Sprechen Sie bitte etwas langsamer.* p101
small *adj klein* p11
smell, to smell *v riechen*
smoke, to smoke *v rauchen* **p20**
smoking *n das Rauchen gn* **p31**
smoking area *Raucherbereich*
No Smoking *Rauchen verboten* p33
snack *n der Imbiss m* p172
Snake eyes! *n Schlangenaugen!* p173
snorkel *n der Schnorchel m*
sock *n die Socke f*
soda *n die Limonade f* p39
diet soda *die Diätlimonade*
soft *adj weich*
software *n die Software f*
sold out *adj ausverkauft*
some *adj etwas (uncountable) / einige (countable)*
someone *n jemand* p31
something *n etwas m* p41
son *n der Sohn m* p105
song *n das Lied gn* p168
soon *adv bald* p15
sorry *adj leid*
I'm sorry. *Tut mir leid.*
spa *n das Heilbad m* p59
Spain *n Spanien*
Spanish *n der Spanier m, die Spanierin f* p108
spare tire *n der Reservereifen m*
speak, to speak *v sprechen* **p24**
Do you speak English? *Sprechen Sie Englisch?*
Would you speak louder, please? *Könnten Sie bitte etwas lauter sprechen?*
Would you speak slower, please? *Könnten Sie bitte etwas langsamer sprechen?*
special (featured meal) *n die Spezialität f*
specify, to specify *v angeben* **p24**
speed limit *n die Geschwindigkeitsbegrenzung f* p48
What's the speed limit? *Welche Geschwindigkeitsbegrenzung gilt hier?*
speedometer *n der Tacho m*
spell, to spell *v buchstabieren* **p20**
How do you spell that? *Wie schreibt sich das?*
spice *n das Gewürz gn*

spill, to spill *v verschütten* **p20**
split (gambling) *n der Split m*
sports *n der Sport m* p118
spring (season) *n der Frühling m* p14
stadium *n das Stadion gn* p152
staff (employees) *n die Mitarbeiter pl* p70
stamp (postage) *n die Briefmarke f*
stair *n die Stufe f*
Where are the stairs? *Wo finde ich das Treppenhaus?*
Are there many stairs? *Gibt es viele Stufen?*
stand, to stand *v stehen* **p24**
start, to start (commence) *v beginnen*
start, to start (a car) *v anlassen* **p24**
state *n der Staat (gov.) / der Status (status) m*
station *n der Bahnhof m* p51
Where is the nearest_____? *Wo ist die nächste _____?*
gas station *Tankstelle*
bus station *Bushaltestelle*
subway station *U-Bahn-Haltestelle*
Where is the nearest train station? *Wo ist der nächste Bahnhof?*
stay, to stay *v Aufenthalt, bleiben* **p24**
We'll be staying for ____ nights. *Wir bleiben ____ Nächte.* See numbers, p7.
steakhouse *n das Steakhaus gn* p72
steal, to steal *v stehlen* **p24**
stolen *adj gestohlen* p41
stop *n die Haltestelle f* p52
Is this my stop? *Ist das hier meine Haltestelle?*
I missed my stop. *Ich habe meine Haltestelle verpasst.*
stop, to stop *v anhalten* p24
Please stop. *Halten Sie bitte an.*
STOP (traffic sign) *STOP*
Stop, thief! *Haltet den Dieb!*
store *n das Lager gn* p137
straight *adj gerade (street) / glatt* **(hair)** p106
straight ahead *geradeaus* p5
straight (drink) *pur*
Go straight. *Gehen Sie geradeaus* p48
straight (gambling) *n der Straight m* p174
street *n die Straße f* p6
across the street *gegenüber*
down the street *am Ende der Straße*
Which street? *Welche Straße?*
How many more streets? *Wie viele Straßen noch?*
stressed *adj gestresst*
striped *adj gestreift*
stroller *n der Kinderwagen m*
Do you rent baby strollers? *Vermieten Sie Kinderwagen?*

substitution *n der Ersatz m*
subway *n die U-Bahn f* p55
subway line *die U-Bahn-Linie*
subway station *die U-Bahn-Haltestelle*
Which subway do I take for ____? *Mit welcher U-Bahn komme ich zu / zur / zum ____?*
subtitle *n die Untertitel m, pl*
suitcase *n der Koffer m* p41
suite *n die Suite f* p58
summer *n der Sommer m* p14
sun *n die Sonne f*
sunburn *n der Sonnenbrand m*
I have a bad sunburn. *Ich habe einen starken Sonnenbrand.*
Sunday *n der Sonntag m* p12
sunglasses *n die Sonnenbrille f*
sunny *adj sonnig* p113
It's sunny out. *Draußen scheint die Sonne.*
sunroof *n das Sonnendach gn*
sunscreen *n die Sonnencreme f*
Do you have sunscreen SPF ____? *Haben Sie Sonnencreme mit Lichtschutzfaktor ____?* See numbers p7.
supermarket *n der Supermarkt m*
surf *v surfen* **p20**
surfboard *n das Surfbrett gn*
suspiciously *adv verdächtig* p41
swallow, to swallow *v schlucken* **p20**
sweater *n der Pullover m* p39
Swedish *n der Schwede m, die Schwedin f* p109
swim, to swim *v schwimmen* **p24**
Can one swim here? *Kann man hier schwimmen?*
swimsuit *n der Badeanzug m*
swim trunks *n die Badehose f*
Swiss *n der Schweizer m, die Schweizerin f* p108
symphony *n die Symphonie f*

T

table *n der Tisch m* p21
table for two *der Tisch für zwei*
tailor *n der Schneider m die Schneiderin f* p66
Can you recommend a good tailor? *Können Sie mir einen guten Schneider empfehlen?*
take, to take *v nehmen, bringen* **p24**
Take me to the station. *Bringen Sie mich bitte zum Bahnhof.*
How much to take me to ____? *Wieviel kostet die Fahrt zu / zur / zum ____?*
takeout menu *n das Essen zum Mitnehmen gn*

talk, to talk *v sprechen* **p24**
tall *adj groß* p107
tanned *adj gebräunt*
taste (flavor) *n der Geschmack m*
taste *n* **(discernment)** *der Geschmack m*
taste, to taste *v schmecken* **p20**
tax *n die Steuer f* p143
value-added tax (VAT) *Mehrwertsteuer (MwSt.)*
taxi *n das Taxi gn* p50
Taxi! *Taxi!*
Would you call me a taxi? *Könnten Sie mir bitte ein Taxi rufen?*
tea *n der Tee m* p82
team *n das Team gn* p152
Techno *n der Techno m* p116, 163
television *n der Fernseher m*
temple *n der Tempel m* p114
ten *adj zehn* p7
tennis *n das Tennis gn* p59
tennis court *der Tennisplatz*
tent *n das Zelt gn*
tenth *adj zehnter* p9
terminal *n* **(airport)** *das Terminal gn* p33
thank you *danke* p1
that (near) *adj diese / dieser / dieses*
that (far away) *adj jene / jener / jenes*
theater *n das Theater gn* p133
them (m/f) *sie* p3
there (demonstrative) *adv da* **(nearby),** *dort* **(far)**
Is / Are there _____ over there? *Tatsächlich _____ dort drüben?*
these *adj diese* p6
thick *adj dick*
thin *adj dünn* p107
third *adj dritter* p9
thirteen *adj dreizehn* p7
thirty *adj dreißig* p7
this *adj diese / dieser / dieses* p6
those *jene / jener / jenes adj*
thousand *Eintausend* p7
three *drei* p7
Thursday *n der Donnerstag m* p12
thus (therefore) *also adv* p15
ticket *n das Ticket gn* p30
ticket counter *der Kartenschalter*
one-way ticket *das einfache Ticket* p32
round-trip ticket *das Hin- und Rückreiseticket* p32
tight *adj eng* p140
time *n die Zeit f* p156
Is it on time? *Ist er (train, bus) pünktlich? / Ist es (plane, ship) pünktlich?*
At what time? *Um wie viel Uhr?*
What time is it? *Wie spät ist es?*
timetable *n* **(train)** *der Fahrplan m* p51
tip (gratuity) *das Trinkgeld gn* p83
tire *n der Reifen m* p45

I have a flat tire. *Ich habe einen platten Reifen.*
tired *adj müde* p109
today *n heute*
today's special *n das Menü gn* p15
toilet *n die Toilette f* p68
The toilet is overflowing. *Die Toilette läuft über.*
The toilet is backed up. *Die Toilette ist verstopft.*
toilet paper *n das Toilettenpapier gn*
You're out of toilet paper. *Sie haben kein Toilettenpapier mehr.*
toiletries *n die Hygieneartikel m, pl* p89
toll *n die Gebühr f* p49
tomorrow *n morgen* p4
ton *n die Tonne f*
too (excessively) *adv zu*
too (also) *adv auch* p173
tooth *n der Zahn m* p181
I lost my tooth. *Ich habe einen Zahn verloren.*
toothache *n die Zahnschmerzen m, pl*
I have a toothache. *Ich habe Zahnschmerzen.*
total *n die Gesamtsumme f*
What is the total? *Wie hoch ist die Gesamtsumme?*
tour *n der Ausflug m*
Are guided tours available? *Werden Fremdenführungen angeboten?*
Are audio tours available? *Werden Audioführungen angeboten?*
towel *n das Handtuch gn*
May we have more towels? *Könnten wir bitte mehr Handtücher bekommen?*
toy *n das Spielzeug gn*
toy store *n das Spielwarengeschäft gn*
Do you have any toys for the children? *Haben Sie Kinderspielzeug?*
traffic *n der Verkehr m* p45
How's traffic? *Wie ist der Verkehr?*
traffic rules *die Verkehrsregeln*
trail *n der Weg m* p156
Are there trails? *Gibt es dort Wege?*
train *n der Zug m* p51
express train *der Expresszug*
local train *der Nahverkehrszug*
Does the train go to ____? *Fährt der Zug nach / zum _____?*
May I have a train schedule? *Könnte ich bitte einen Zugfahrplan bekommen?*
Where is the train station? *Wo finde ich den Bahnhof?*
train, to train *v trainieren* p20

transfer, to transfer *v überweisen* **p24**
I need to transfer funds. *Ich möchte eine Überweisung tätigen.*
transmission *n das Getriebe gn*
automatic transmission *das Automatikgetriebe*
standard transmission *das Schaltgetriebe*
travel, to travel *v reisen* **p20**
travelers' check *n der Reisescheck m*
Do you cash travelers' checks? *Kann ich mir hier Reiseschecks auszahlen lassen?*
trillion *n die Billion f* p15
trim, to trim (hair) *v schneiden* **p24**
trip *n die Reise f* p99
triple *adj dreifach* p8
trumpet *n die Trompete f*
trunk *n der Koffer m* **(luggage)** p42, *der Kofferraum m* **(car)**
try, to try (attempt) *v versuchen* **p20**, *ausprobieren* **p20**
try, to try on (clothing) *v anprobieren* **p20**
try, to try (food) *v probieren*
Tuesday *n der Dienstag m* p12
Turkish *n der Türke m, die Türkin f* p109
turn, to turn *v abbiegen (car) / sich wenden (person)* **p24**
to turn left / right *links / rechts abbiegen*
to turn off / on *ausschalten / einschalten* **p20**
twelve *adj zwölf* p7
twenty *adj zwanzig* p7
twine *n die Paketschnur f* p129
two *adj zwei* p7

U

umbrella *n der Regenschirm m*
uncle *n der Onkel m* p104
undercooked *adj noch nicht durch*
understand, to understand *v verstehen* **p24**
I don't understand. *Ich verstehe nicht.*
Do you understand? *Verstanden?*
underwear *n die Unterwäsche f*
university *n die Universität f*
up *adv aufwärts* p5
update, to update *v aktualisieren* **p20**
upgrade *n die höhere Kategorie f* p44
upload, to upload *v hochladen* **p24**
upscale *adj gehoben*
us *pron uns* p3
USB port *n der USB-Anschluss m*
use, to use *v verwenden* **p20**

V

vacation *n der Urlaub m* p37
on vacation *im Urlaub*
to go on vacation *in Urlaub gehen*
vacancy *n das freie Zimmer (hotel) gn*
van *n der Kleinbus m, der Van m*
VCR *n der Videorekorder m*
Do the rooms have VCRs? *Gibt es auf den Zimmern einen Videorekorder?*
vegetable *n das Gemüse gn*
vegetarian *n der Vegetarier m, die Vegetarierin f* p35
vending machine *n der Automat m*
version *n die Version f*
very *sehr* p70
video *n das Video gn*
Where can I rent videos or DVDs? *Wo kann ich Videos oder DVDs ausleihen?*
view *n die Aussicht f* p60
beach view *die Aussicht auf den Strand*
city view *die Aussicht auf die Stadt*
vineyard *n das Weingut gn*
vinyl *n das Vinyl gn* p42
violin *n die Geige f*
visa *n das Visum gn*
Do I need a visa? *Benötige ich ein Visum?*
vision *n die Sicht f* p178
visit, to visit *v besuchen* **p20**
visually-impaired *adj sehbehindert*
vodka *n der Wodka m* p81
voucher *n der Gutschein m* p37

W

wait, to wait *v warten* **p20**
Please wait. *Warten Sie bitte.*
How long is the wait? *Wie lange muss ich warten? (sing.) / Wie lange müssen wir warten? (pl.)*
waiter *n der Kellner m, die Kellnerin f*
waiting area *n der Wartebereich m* p30
wake-up call *n der Weckruf m* p67
wallet *n die Geldbörse f* p38
I lost my wallet. *Ich habe meine Geldbörse verloren.*
Someone stole my wallet. *Meine Geldbörse wurde gestohlen.*
walk, to walk *v gehen* **p24**
walker (ambulatory device) *n die Gehhilfe f* p36
walkway *n der Fußgängerweg m*
moving walkway *der Fahrsteig*
want, to want *v wollen* **p25**
war *n der Krieg m* p114
warm *adj warm* p113
watch, to watch *v zusehen* **p24**

water *n das Wasser gn* p39
Is the water potable? *Ist das Wasser trinkbar?*
Is there running water? *Gibt es fließend Wasser?* p71
wave, to wave *v winken* **p20**
waxing *n das Enthaaren (mit Wachs) gn*
wear, to wear *v tragen* **p24**
weather forecast *n der Wetterbericht m*
Wednesday *n der Mittwoch m*
week *n die Woche f* p4, 13
this week *diese Woche*
last week *letzte Woche*
next week *nächste Woche*
weigh *v wiegen* **p24**
I weigh ____. *Ich wiege ____.*
It weighs ____. *Das wiegt ____.* See p7 for numbers.
weights *n die Gewichte gn, pl* p149
welcome *adv willkommen*
You're welcome. *Gern geschehen.*
well *adv gut*
well done (meat) *gut durch* p77
well done (task) *gut gemacht*
I don't feel well. *Ich fühle mich nicht gut.*
western *adj westlich, abendländisch*
whale *n der Wal m*
what *adv welche / welcher / welches* p3
What sort of ____? *Welche Art von ____?*
What time is ____? *Wann gibt es ____?* p11
See p100 for questions.
wheelchair *n der Rollstuhl m* p36
wheelchair access *der Zugang per Rollstuhl* p62
wheelchair ramp *die Rampe für Rollstuhlfahrer*
power wheelchair *der elektrisch betriebene Rollstuhl*
wheeled (luggage) *adj mit Rollen*
when *adv wann* p3
See p100 for questions.
where *adv wo* p3
Where is ____? *Wo ist ____?*
See p100 for questions.
which *adv welche / welcher / welches* p3
Which one? *Welche / Welcher / Welches?*
See p100 for questions.
white *adj weiß*
who *adv wer* p3
whose *adj wessen / dessen*
wide *adj breit* p11
widow, widower *n die Witwe f, der Witwer m* p104

wife *n die Ehefrau f* p103
wi-fi *n das Wi-Fi gn*
window *n das Fenster gn, der Schalter m* p34, 130
drop-off window *Abgabeschalter*
pickup window *Abholschalter*
windshield *n die Frontscheibe f*
windshield wiper *n der Scheibenwischer m*
windy *adj windig* p113
wine *n der Wein m* p39, 76
winter *n der Winter m* p14
wiper *n der Wischer m*
with *prep mit* p79
withdraw *v abheben* **p24**
I need to withdraw money. *Ich möchte Geld abheben.*
without *prep ohne* p79
woman *n die Frau f*
work, to work *v arbeiten (person), funktionieren (device)* **p20**
____ doesn't work. ____ *funktioniert nicht.*
workout *n das Training m*
worse *schlimmer*
worst *am schlimmsten*
write, to write *v schreiben* **p24**
Would you write that down for me? *Könnten Sie mir das bitte aufschreiben?*
writer *n der Autor m* p110

X
x-ray machine *n das Röntgengerät gn*

Y
yellow *adj gelb*
yes *adv ja*
yesterday *n gestern* p4
the day before yesterday *vorgestern* p13
yield sign *n das Schild „Vorfahrt gewähren" gn*
you *pron Sie / du / ihr* p3
you (singular, informal) *du*
you (singular, formal) *Sie*
you (plural informal) *ihr*
you (plural formal) *Sie*
your, yours *adj Ihr / Ihre (formal); dein / deine (informal)*
young *adj jung* p105

Z
zoo *n der Zoo m* p118

A

abbiegen (car) *to turn v* **p24**

abbiegen *to turn v* **p24**

Biegen Sie links / rechts ab. *Turn left / right.*

abbuchen *to charge (money) v* **p20**

das Abendessen *gn dinner n*

der Abfluss *m drain n*

abgelehnt *declined adj*

Ihre Kreditkarte wurde abgelehnt. *Your credit card was declined.*

abheben *to withdraw v* **p24**

die Abhebung *f withdrawal n*

ablegen *to sail v* **p20**

Wann legen wir ab? *When do we sail?*

die Abreise *f departure n* p33

abreisen *to leave (depart) v* **p20**

abschließen *to lock v* **p22**

abwärts *down adv* p5

acht *eight adj* p7

achter *eighth adj* p9

drei Achtel *three eighths*

achtzehn *eighteen adj* p7

achtzig *eighty adj* p7

der Adapterstecker *m adapter plug n*

der Adler *m eagle n*

die Adresse *f address n* p112

Wie lautet die Adresse? *What's the address?*

Afro- *afro adj*

afroamerikanisch *African American adj* p107

die Agentur / das Büro *f/gn agency n* p42

der Agnostiker *m,* **die Agnostikerin** *f agnostic n* p115

die Akne *f acne n* p176

der Aktenkoffer *m briefcase n* p41

aktualisieren *to update v* **p20**

aktuell *current adj* **p15**

akzeptieren *to accept v* **p20**

Wir akzeptieren Kreditkarten. *Credit cards accepted.*

der Alkohol *m alcohol n* p80

die Allergie *f allergy n*

allergisch *allergic adj* p5, 79

Ich bin allergisch gegen ____. *I'm allergic to ____.*

alles / irgend etwas *anything n*

also *thus, therefore adv* **p15**

alt *old adj*

das Alter *gn age n*

Wie alt sind Sie? (formal) / Wie alt bist du? (informal) *What's your age?*

das Aluminium *gn aluminum n*

am besten *best. See gut*

am schlimmsten *worst. See schlecht*

am wenigsten *least. See wenig*
der Amerikaner *m,* **die Amerikanerin** *f American n* p109
amerikanisch *American adj*
an Bord *on board*
anbieten *to offer v* **p24**
anders *different (other) adj* p141
angeben *to specify v* **p24**
die Angelegenheit *f matter, affair*
Kümmern Sie sich um Ihre eigenen Angelegenheiten. *Mind your own business.*
die Angelrute *f fishing pole n*
anhalten *to stop v* **p24**
Halten Sie bitte an. *Please stop.*
ankommen *to arrive v* **p24**
die Ankunft *f arrival n*
anlassen *to start (a car) v*
anpiepen *to page (someone) v* **p20**
anrufen *to call (to phone) v* **p24**
Antibaby- *birth control adj*
Ich habe keine Antibabypillen mehr. *I'm out of birth control pills.*
das Antibiotikum *gn antibiotic n*
das Antihistamin *gn antihistamine n* p175
die Antwort *f answer n*
Ich benötige eine Antwort. *I need an answer.*
antworten (auf eine Frage) *to answer (respond to a question) v* **p20**
Antworten Sie mir bitte. *Answer me, please.*
der Anwalt / die Anwältin *m/f lawyer n* p110
anziehen *to dress v* **p24 p29**
der April *m April n* p13
arbeiten (person) *to work v* **p20**
der Arbeitgeber *m employer n*
die Art *f kind (sort, type) n*
Um welche Art handelt es sich? *What kind is it?*
der Arzt *m* / **die Ärztin** *f doctor n* p110, 177
die Arztpraxis *f doctor's office n*
asiatisch *Asian adj* p72
das Aspirin *gn aspirin n* p176
das Asthma *gn asthma n* p181
Ich habe Asthma. *I have asthma.*
atheistisch *atheist adj*
auch *too (also) adv* p173
Audio- *audio adj* p57
das Audio *gn audio n* p136
der Aufenthalt *m wait n* p74
aufladen *to charge (a battery) v* **p24**
auflegen *hang up (to end a phone call) v* **p24**

aufwärts *up adv* p5
der Aufzug *m elevator n* p61
das Auge *gn eye n* p173
die Augenbraue *f eyebrow n*
der August *m August n* p13
aus *made of adj*
auschecken *to check out (of hotel) v* **p20**
der Ausflug *m tour n*
ausrauben, stehlen *to rob v, to steal v* **p20, 24**
die Ausrüstung *f equipment n* p37
ausschalten *to turn off (lights) v* **p20**
aussehen *to look (appear) v* **p24**
die Aussicht *f view n* p60
die Aussicht auf den Strand *beach view* p60
die Aussicht auf die Stadt *city view*
die Ausstellung *f exhibit n*
Australien *Australia n*
australisch *Australian adj*
ausverkauft *sold out adj*
auswärts essen *to eat out*
der Ausweis *m passport n*
auszahlen lassen *to cash out (gambling)* **p24**, p174
auszahlen *to cash v* **p30**
das Auto *gn car n*
die Autovermietung *car rental agency*
die Autobahn *f highway n*
die Autokrankheit *f carsickness n*
der Autor / die Autorin *m/f writer n* p110
die Autovermietung *f car rental agency*
Autsch! *Ouch! interj*

B

das Baby *gn baby n* p105
Baby-, für Babys *for babies adj*
Kinderwagen *baby stroller*
Babynahrung *baby food*
der Babysitter *m babysitter n*
das Bad *gn bath, spa n* **p15**
der Badeanzug *m swimsuit n*
baden *to bathe v* **p20, 29**
die Badewanne *f bathtub n* p60
das Badezimmer *gn bathroom n, bath n* p30
der Bahnhof *m station n* p51
Wo finde ich die nächste Tankstelle? *Where is the nearest gas station?*
balancieren (something shaky) / begleichen (invoice) *to balance v* **p20, 24**
bald *soon adv* **p15**
der Balkon *m balcony n* p59
der Ball *m ball (sport) n*
die Band *f band n*
Bank- *bank adj*
das Bankkonto *bank account*
die Bankkarte *bank card*
die Bank *f bank n* p120
die Bar *f bar n* p31

die Pianobar *piano bar*
die Single-Bar *singles bar* p164
das Bargeld *gn cash n* p121
Nur gegen Barzahlung. *Cash only.* p122
der Bass *m bass (instrument) n*
die Batterie *f battery (for flashlight) n*
die Batterie *f battery (for car) n*
die Baumwolle *f cotton n* p139
bearbeiten *to process (a transaction) v* **p20**
sich beeilen *to hurry v* **p20, 35**
begeistert *enthusiastic adj* p109
beginnen *to begin v, to start (commence) v* **p24**
behalten *to keep v* **p24**
die Behinderung *f disability n*
die Behinderung *f handicap n*
das Bein *gn leg n*
beleibt *fat adj* p11, 107
beleidigen *to insult v* **p20**
der Belgier *m,* **die Belgierin** *f Belgian n* p108
beliebig *any adj*
beliebt *popular adj* p164
bemuttern *to mother v* **p20**
sich benehmen *to behave v* **p24**
benommen *dizzy adj* p62, 179
das Benzin *gn gas n*
berechnen *to bill v* **p20**
der Berg *m mountain n*
das Bergsteigen *mountain climbing*
das Bergsteigen *gn mountain climbing n*
beschädigt *damaged adj* p41
besetzt *busy adj (phone line), occupied adj* p138
besorgt *anxious adj* p109
Ich brauche ein Antibiotikum. *I need an antibiotic.*
besser *better. See gut*
bestätigen *to confirm v* **p20**
die Bestätigung *f confirmation n*
bestellen *(restaurant) to order v* **p20**
besuchen *to visit v* **p20**
betreten *to enter v* **p24**
Kein Eingang. *Do not enter.*
Zutritt verboten. *Entry forbidden.*
das Bett *gn bed n*
das Bettlaken *gn sheet (bed linen) n*
die Beule *f dent n*
bevorzugen *to prefer v* **p20**
bevorzugt *preferably adj*
bewegen *to move v* **p20**
bewölkt *cloudy adj* p113
bezahlen *to pay v* **p20**
die Biene *f bee n*

das Bier *gn beer n* p80
das Bier vom Fass *beer on tap, draft beer* p177
billig *cheap adj* p44
billig *cheap* p44
billiger *cheaper* p44
am billigsten *cheapest*
die Billion *f trillion n* **p15**
Bio- *organic adj*
Bis später. *See you later.*
bitte *please (polite entreaty) adv* p1
blass *pale adj* p106
blau *blue adj* p107
bleiben *to stay v* **p24**
das Bleichmittel *gn bleach n*
blenden *to dazzle, to blind v* **p15**
blind *blind adj*
der Block *m block n*
blockieren *to block v* **p20**
der Blonde *m,* **die Blondine** *f blond(e) n* p106
die Blume *f flower n*
die Bluse *f blouse n* p139
blutig *rare (meat) adj* p76
das Boot / Schiff *gn boat n / ship n* p54
die Bordkarte *f boarding pass n* p38
der Bordstein *m curb n*
die Botschaft *f embassy n*
der Brandy *m brandy n* p81
brauchen *to need v* **p20**
braun *brown adj* p107
brav *well behaved adj* **p15**
breit *wide adj* p11
Breitband- *broadband n*
die Bremse *f brake n* p46
bremsen *to brake v* **p20**
das Bremslicht *brake light*
die Motorkontrollleuchte *check engine light* p46
der Scheinwerfer *headlight*
die Ölkontrollleuchte *oil light* p46
brennen *to burn v* **p24**
die Briefmarke *f stamp (postage) n*
die Brille *f eyeglasses n*
bronzefarben *bronze (color) adj*
das Brot *gn bread n* p89
die Brücke *f bridge (across a river) n / bridge (dental structure) n* p181
der Bruder *m brother n* p103
der Brünette *m,* **die Brünette** *f brunette n* p106
buchstabieren *to spell v* **p20**
Wie schreibt sich das? *How do you spell that?*
der Buddhist *m,* **die Buddhistin** *f Buddhist n* p115
das Budget *gn budget n*
das Buffet *gn buffet n*
der Bus *m bus n* p50
die Bushaltestelle *bus stop*
der Pendelbus *shuttle bus*
der Sightseeing-Bus *sightseeing bus*
die Butter *f butter n* p78

C

das Cabrio *gn convertible n*
das Café *(coffee house) n*
der Campingplatz *m campsite n*
der Cappuccino *m cappuccino n*
die CD *f CD n* p127
Charter- *charter adj*
der Charterflug *charter flight*
chartern *to charter (transportation) v* **p20**
der Check-In *check-in n* p30
der Curbside-Check-In *curbside check-in*
der elektronische Check-In *electronic check-in* p34
der Express-Check-In *express check-in* p34
der Chef *m,* **die Chefin** *f boss n*
die chemische Reinigung *f dry cleaner n*
der Chiropraktiker *m chiropractor n* p177
der Computer *m computer n*
die Country-Musik *f country-and-western adj*
der Cousin *m,* **die Cousine** *f cousin n*
die Creme *f cream n* p84
cremefarben *off-white adj*

D

da *there (nearby) adv (demonstrative)* p171
das Dach *gn roof n*
das Sonnendach *sunroof*
die Damentoilette *women's restroom*
der Däne *m,* **die Dänin** *f Danish n* p108
danke *thank you*
Darf ich Ihnen ____ vorstellen? *I'd like to introduce you to ____.*
das *this n* p6
dauern *to last v* **p20**
die Dauerwelle *f permanent (hair)*
die (Bett-)Decke *f blanket n* p40
dein *your, yours adj sing (informal)*
die Demokratie *f democracy n*
der Designer *m,* **die Designerin** *f designer n* p110
der Deutsche *m,* **die Deutsche** *f German n* p108
der Dezember *m December n*
Diabetiker- *diabetic adj* p77
dick *thick adj*
der Dienstag *m Tuesday n* p12
diese *these adj pl* p6
diese *those (near) adj pl*
diese *those adj pl*
dieser / diese / dieses *that (near) adj*
dieser / diese / dieses *this adj* p6

die Disko *f disco n* p116
der Dollar *m dollar n*
der Dolmetscher / die Dolmetscherin *m/f interpreter n* p184
der Dom *m cathedral n* **p15**
der Donnerstag *m Thursday n* p12
Doppel- *double adj* p8
dort drüben *over there adv*
dort *there (far) adv (demonstrative)* p5
der Download *m download n*
das Drama *gn drama n*
draußen *outside n* p76
drei *three adj* p7
dreifach *triple adj* p8
dreißig *thirty adj* p7
dreizehn *thirteen adj* p7
das Dressing *gn dressing (salad) n*
drinnen *inside adj* p76
dritter *third adj* p9
die Driving Range *f driving range n*
drucken *to print v* **p20**
drücken *to push v* **p20**
du *you pron sing (informal)*
dunkel *dark adj*
die Dunkelheit *f darkness n*
dünn *thin (fine, skinny, slender) adj*
der Durchfall *m diarrhea n* p176
durchwählen *to dial direct*
die Dusche *f shower n* p60
duschen *to shower v* **p20, 29**
das Dutzend *gn dozen n* p11
die DVD *f DVD n* p44

E

die Ecke *f corner n*
an der Ecke *on the corner*
die Ehefrau *f wife n* p103
der Ehemann *m husband n* p103
eigentlich / wirklich *actual adv* **p15**
ein / eine *one adj* p7
eine E-Mail senden *to send e-mail v* **p20**
einen Nachtclub besuchen *to go clubbing v* **p20**
einfach *single adj / simple adj*
ohne Eis *straight up (drink)*
das einfache Ticket *one-way ticket* p38
der Eingang *m entrance n* p39
einkaufen *to shop v* **p20**
das Einkaufszentrum *gn mall n*
einpacken *to bag v* **p20**
einstecken *to plug v* **p20**
einsteigen / an Bord gehen *to board v* **p24**
das Eis *gn ice n* p79
die Eismaschine *ice machine*
der Elefant *m elephant n*
der Elektroanschluss *m electrical hookup n* p71
elf *eleven adj* p7
die E-Mail *f e-mail n* p112

Kann ich Ihre (formal) / deine (informal) E-Mail-Adresse haben? *May I have your e-mail address?* p112
die E-Mail-Nachricht *e-mail message* p112
empfehlen *to recommend v* **p24**
eng *tight adj* p140
England *England n*
der Engländer *m,* **die Engländerin** *f English n* p108
englisch *English adj* p64
die englische Blindenschrift *f braille (American) n*
die Ente *f duck n*
entfernen *to remove v* **p20**
das Enthaaren (mit Wachs) *gn waxing n*
entschuldigen *to excuse (pardon) v* **p20**
Verzeihung. *Excuse me.*
entspannen / abhängen (slang) *to hang out (relax) v* **p20, 24**
entzückt *charmed adj*
er *he pron* p3
erbitten *to request, demand v* **p24**
die Erdnuss *f peanut n*
erfreut *delighted adj*
erhalten *to receive v* **p24**
die Erkältung *f cold (illness) n*
erklären *to explain v* **p20**
erlauben *to permit v* **p20**
die erneute Einlösung *f refill (of prescription) n* p177
der Ersatz *m substitution n*
erschöpft *exhausted adj*
erster *first adj* p9
der Erzieher *m,* **die Erzieherin** *f educator n* p110
der Esel *m donkey n*
das Essen *gn food n* p80
essen *to eat v* **p24**
das Essen zum Mitnehmen *takeout menu*
die Etage *f floor n* p61
das erste Stockwerk *ground floor, first floor* p61
etwas *bit (small amount) n*
etwas (uncountable) / einige (countable) *some adj*
etwas *gn something n* p41
Express- *express adj* p34, 53
der Express-Check-In *express check-in* p34

F

fahren *to drive v* **p24**
fahren *to ride v***p24**
der Fahrer *m driver n* p49
der Fahrplan *m schedule n, timetable (train) n* p51
der Fahrpreis *m fare n*
fallen *to fall v* **p24**
die Familie *f family n* p103
die Farbe *f color n* p141
färben *to color v* **p20**
faulenzen *to lounge v* **p20**
das Fax *gn fax n* p111

der Februar *m February n* p13
fehlend *missing adj* p41
der Fehler *m fault n* p49
Es war mein Fehler. *I'm at fault.* p49
Es war sein Fehler. *It was his fault.*
der Fehler *m mistake n* p70
feiern *to celebrate v* **p20**
der Feiertag *m holiday n*
der Fels *m rock n* p80
auf Eis *on the rocks*
das Fenster *gn window n* p34
der Fernseher *m television n*
das Kabelfernsehen *cable television* p60
das Satellitenfernsehen *satellite television* p60
das Festival *gn festival n*
feucht *humid adj* p113
das Feuer *gn fire n*
das Feuer *gn light (for cigarette) n* p165
Darf ich Ihnen (formal) / dir (informal) Feuer geben? *May I offer you a light?*
das Feuerzeug *gn lighter (cigarette) n* p166
der Film *m movie n* p132
finden *to find v* **p24**
das Fitness-Center *gn fitness center n* p59
das Fitnessstudio *gn gym n* p149
die Flasche *f bottle n* p165
das Fleisch *gn meat n* p79
die Flöte *f flute n*
der Flug *m flight n* p32
der Flugbegleiter / die Flugbegleiterin *m / f flight attendant*
der Flughafen *m airport n*
der Fluss *m river n* p157
folglich *consequently adv* **p15**
das Format *gn format n* p14
die Formel *f formula n*
der Fortschritt *m advance n*
fortsetzen *to continue v* **p20**
(foto-)kopieren *to photocopy v* **p20**
das Foyer *gn lounge n*
fragen *to ask v* **p20**
der Franzose *m,* **die Französin** *f French n* p108
französisch *French adj* p108
die Frau *f woman n*
der Frauenarzt / die Frauenärztin *m/f gynecologist n*
das freie Zimmer (hotel) *gn vacancy n*
der Freitag *m Friday n* p13
der Fremdenführer / die Fremdenführerin *m/f guide (of tours) n*
die Fremdenführung *f guided tour n*
die Freude *f pleasure n* p1
Freut mich. *It's a pleasure.*
der Freund *m* / **die Freundin** *f friend n* p103
der Freund *m boyfriend n* p103

die Freundin *f girlfriend n* p103
die Frikadelle *f meatball n*
frisch *fresh adj* p90
der Frisör *m,* **die Frisörin** *f hairdresser n*
fröhlich *happy adj* p109
die Frontscheibe *f windshield n*
die Frucht *f fruit n* p89
der Fruchtsaft *m fruit juice n*
früh *early adj* p12
der Frühling *m spring (season) n* p14
das Frühstück *gn breakfast n*
führen *to guide v* **p20**
Full House! *Full house! n*
fünf *five adj* p7
fünfter *m fifth adj*
fünfzehn *m fifteen adj*
fünfzig *fifty adj* p7
(der) Fuß *m foot (body part) n*
Fußgänger- *pedestrian adj*
die Fußgängerzone *pedestrian shopping district*
der Fußgängerweg *m walkway n*
der Fahrsteig *moving walkway*

G

der Gang *m aisle (in store) n / hallway n* p89
ganz *all adj* p10
die ganze Zeit *all the time*
Das ist alles. *That's all.*
die Garnele *f shrimp n* p91
das Gas (for cooking) / das Benzin (for cars) *gn gas n* p46
die Tankanzeige *gas gauge*
kein Benzin mehr *out of gas*
der Gast *m guest n*
geben *to deal (cards) v* **p24**
Ich bin dabei. *Deal me in.* p173
geben *to give v* **p24**
das Gebiss *gn dentures, denture plate n* p182
gebräunt *tanned adj*
die Gebühr *f fee n*
die Gebühr *f toll n* p49
der Gedanke *m thought n*
die Gefahr *f danger n* p49
gefallen *to please v to be pleasing to v* **p24**
das Geflügel *gn poultry n*
gehen *to go v* **p24**
die Gehhilfe *f walker (ambulatory device) n* p36
gehoben *upscale adj* p175
Geht es Ihnen (formal) / dir (informal) gut? *Are you okay?*
der Gehweg *m sidewalk n*
die Geige *f violin n*
gelb *yellow adj*
der (Geld-)Schein *m bill (currency) n*
das Geld *gn money n* p120

die Überweisung *money transfer* p120
der Geldautomat *m ATM n*
die Geldbörse *f wallet n*
die Geldwechselstube *f currency exchange n* p31, 121
gelockt *curly adj* p106
das Gemälde *gn painting n*
das Gemüse *gn vegetable n*
die Genehmigung *f permit n*
genießen *to enjoy v* **p24**
geöffnet *open (business) adj*
Gepäck- *baggage adj* p33
die Gepäckausgabe *baggage claim* p33
das Gepäck *gn baggage, luggage n* p33
das verloren gegangene Gepäck *lost baggage*
gerade *straight adj*
das Gericht *gn court (legal) n* p183
das Gericht für Verkehrsdelikte *traffic court*
das Gericht *gn dish n* p77
die Gesamtsumme *f total n*
Wie hoch ist die Gesamtsumme? *What is the total?*
Ich arbeite bei ____. *I work for _____.*
das Geschäft *gn shop n, store n*
das Zelt *gn tent n*
Geschäfts- *business adj* p65
das Geschäftszentrum *business center* p65
das Geschenk *gn gift n*
die Geschichte *f history n* p119
geschieden *divorced adj*
das Geschlecht *gn sex (gender) n*
der (Geschlechts-) Verkehr *m intercourse (sexual) n*
geschlossen *closed adj* p49
der Geschmack *m taste (discernment) n*
der Geschmack *m taste, flavor n*
der Schokoladengeschmack *chocolate flavor*
der Gesellschaftstanz *m ballroom dancing n* p133
das Gesicht *gn face n* p107
gestern *yesterday adv* p4
gestohlen *stolen adj* p41
gestreift *striped adj*
gestresst *stressed adj*
das Getränk *gn drink n* p165
das Gratisgetränk *complimentary drink*
getrennt lebend *separated (marital status) adj* p104
das Getriebe *gn transmission n*
das Automatikgetriebe *automatic transmission* p44
das Schaltgetriebe *standard transmission* p44
getrocknet / Trocken- *dried adj* p96

die Gewichte *gn, pl weights n* p149
das Gewürz *gn spice n*
Gibt es hier ____? *Is / Are there ____?*
Gibt es hier eine öffentliche Toilette? *Do you have a public restroom?*
das Gift *gn poison n* **p15**
der Gin *m gin n* p81
die Gitarre *f guitar n* p117
das Glas *gn glass (drinking) n*
Schenken Sie das als offenes Getränk aus? *Do you have it by the glass?*
Ich hätte gerne ein Glas. *I'd like a glass please.*
das Gold *gn gold n*
golden *gold (color) adj*
golden *golden adj*
Golf spielen *to go golfing v* **p24**
das Golf (-spiel) *gn golf n* p42
der Golfplatz *golf course*
der Gottesdienst *m service (religious) n* p115
das Gramm *gn gram n*
grau *gray adj*
der Grieche *m,* **die Griechin** *f Greek n* p108
griechisch *Greek adj* p73
griechisch-orthodox *Greek Orthodox adj* p115
groß *big adj, large adj* p12
groß *big, large* p11
größer *bigger, larger* p69, 141
am größten *biggest, largest*

Großartig! *Great! interj*
die Großmutter *f grandmother n*
der Großvater *m grandfather n*
grün *green adj* p107
die Gruppe *f group n* p37
günstig *inexpensive adj* p32
der Gürtel *m belt n* p140
das Transportband *conveyor belt* p39
gut aussehend *handsome adj* p105
gut besucht *busy (restaurant) adj*
gut *fine adj* p1
Mir geht es gut. *I'm fine.*
gut *good adj* p99
gut *well adv*
Gute Nacht. *Good night.* p99
Guten Abend. *Good evening.* p99
Guten Morgen. *Good morning.* p99
Guten Tag. *Good afternoon.* p99
der Gutschein *m voucher n* p37
der Essensgutschein *meal voucher* p37
der Zimmergutschein *room voucher* p37

H

das Haar *gn hair n* p106
der Haarschnitt *m haircut n*
der Haartrockner *m hair dryer n* p67

haben *to have v* **p24**
Sex haben *to have sex (intercourse)*
der Hafen *port (for ship mooring) n* p54
das Hähnchen *gn chicken n* p86
halb *half adj* p8
halb gar *medium rare (meat) adj*
halbes Pfund *half-pound* p98
die Hälfte *f half n*
Hallo *hello n* p1
halten *to hold v* **p24**
Händchen halten *to hold hands*
die Haltestelle *f stop n* p52
die Bushaltestelle *bus stop*
Haltet den Dieb! *Stop, thief!*
die Hand *f hand n* p168
das Handbuch *gn manual (instruction booklet) n* p45
handhaben *to handle v* **p20**
Vorsicht! *Handle with care* p129
der Handschuh *m glove n* p161
die Handtasche *f purse n* p46
Ich habe meine Geldbörse verloren. *I lost my wallet.*
Meine Geldbörse wurde gestohlen. *Someone stole my wallet.*
das Handtuch *gn towel n*
hart *hard (firm) adj* p42
der Hase *m hare (bunny) n* p86
der Hauch / Zug *m puff n* **p15**
die Hausfrau *f homemaker n*
die Haut *f skin n*
das Heilbad *gn spa n*
heiraten *to marry v* **p20**
heiß *hot adj, warm adj*
die heiße Schokolade *f hot chocolate n* p82
helfen *to help / to assist v* **p24**
hell *bright adj*
das Hemd *gn shirt n*
der Herbst *m autumn (fall season) n* p14
der (Herren-)Frisör *m barber n* p146
die Herrentoilette *men's restroom*
herunterladen *to download v* **p24**
das Herz *gn heart n* p178
der Herzinfarkt *m heart attack n*
heute *today n* p4
hier *here adv* p5
die Hilfe *f assistance n*
die Hilfe *f help n* p48
Hilfe! *Help! n*
das Hin- und Rückreiseticket *round-trip ticket* p32
hinter *behind adj*
der Hiphop *hip-hop n* p163
historisch *historical adj*
das Hobby *gn hobby n*
hoch *high adj* p160

hoch *high adj* p160
höher *higher*
am höchsten *highest*
hochladen *to upload v* **p24**
die Hochschule *f college n, high school n*
die Höhe *f altitude n* p155
die höhere Kategorie *f upgrade n* p44
hören *to hear v*
hören *to listen v* **p20**
hörgeschädigt *hearing-impaired adj*
die Hose *f pair of pants n*
die Badehose *swim trunks n*
die kurze Hose *shorts*
das Hotel *gn hotel n* p58
der Hund *m dog n* p36
der Blindenhund *service dog* p62
hundert *hundred adj* p7
die Hupe *f horn n*
der Husten *m cough n*
husten *to cough v* **p20**
der Hut *m hat n* p139
die Hygieneartikel *m, pl toiletries n* p89

I

Ich hätte gern etwas zu trinken. *I'd like a drink.*
ich *I pron* p3
ihr *you pron pl (informal)*
Ihr *you pron (formal)*
ihr / ihre *her / their adj* p3
im Voraus *in advance adv*
der Imbiss *m snack n* p172
der Impressionismus *m Impressionism n*
in der Nähe *near, nearby adj*
nah *near adj*
näher *nearer (comparative)*
am nächsten *nearest (superlative)*
die Information *f information n*
der Informationsstand *m information booth n* p31
der Ingenieur *m,* **die Ingenieurin** *f engineer n* p110
innehalten, warten *to hold (to pause) v, to wait v* **p24, 20**
das Insektenschutzmittel *gn insect repellent n* p176
das Internet *gn Internet n* p31
Wo finde ich ein Internetcafé? *Where can I find an Internet café?*
das Internetcafé *gn cybercafé n*
der Ire *m,* **die Irin** *f Irish n* p108
irisch *Irish adj*
Irland *Ireland n*
italienisch *Italian adj* p108
der Italiener *m,* **die Italienerin** *f Italian n* p108

J

ja *yes adv* p1
die Jacke *f coat n* p140
die Jacke *f jacket n* p39

das Jahr *gn year n*
Wie alt sind Sie? (formal) / Wie alt bist du? (informal) *What's your age?*
der Januar *m January n* p13
der Jazz *m jazz n* p116
jemand *someone n* p31
jener / jene / jenes *that (far away) adj* p6
jetzt *now adv* p4
das Joggen *jogging n*
jüdisch *Jewish adj* p115
die Jugendherberge *f hostel n* p58
der Juli *m July n* p13
jung *young adj* p105
der Junge *m boy n, kid n* p103
der Juni *m June n* p13

K

der Käfer *m bug n* p80
der Kaffee (beverage) *m coffee n*
der Eiskaffee *iced coffee*
der Espresso *m espresso n*
das Internetcafé *Internet café*
kahl *bald adj* **p15**
kalt *cold adj* p113
Kanada *m Canada n*
kanadisch *Canadian adj* p182
kariert *checked (pattern) adj*
die Karte *f card n* p110
die Kreditkarte *credit card* p120
Akzeptieren Sie Kreditkarten? *Do you accept credit cards?*
die Visitenkarte *business card*
die Karte *f map n* p43
der Straßenatlas *road map* p43
der Kartenschalter *ticket counter* p30
der Kartenverkauf *m box office n*
der Kaschmir *m cashmere n*
der Käse *m cheese n* p89
das Kasino *gn casino n* p58
der Katholik *m,* **die Katholikin** *f Catholic n* p115
die Katze *f cat n*
kein *none, no adj adv* p1
keine freien Zimmer *no vacancy*
der Keks *m cookie n* p89
der Kellner / die Kellnerin *m / f waiter n*
kennen *to know (someone) v* **p24**
das Kennwort *gn password n*
das Kilo *gn kilo n* p10
die Kinder *gn, pl children n pl*
der Kinderarzt / die Kinderärztin *pediatrician n*
das Kinderbett *gn crib n* p61
die Kinderkrippe *f nursery n*
der Kinderwagen *m stroller n*
das Kino *gn cinema n*

die Kirche *f church n* p114
das Kissen *gn pillow n* p40
das Daunenkissen *down pillow*
klar *clear adj* p159
die Klarinette *f clarinet n*
die Klasse *f class n* p34
die Businessklasse *business class* p34
die Economyklasse *economy class* p34
die Erste Klasse *first class* p34
klassisch *classical (music) adj*
das Klavier *gn piano n* p117
das Kleid *gn dress (garment) n*
der Kleiderbügel *m hanger n*
die Kleidergröße *f size (clothing, shoes) n*
die Kleidung *f dress (general attire) n* p164
klein *little adj, small adj* p11
klein *small, little*
kleiner *smaller, littler*
am kleinsten *smallest, littlest*
der Kleinbus *m van n* p43
das kleine Mädchen *gn little girl n* p103
das Kleinkind *gn infant n*
Kletter- *climbing adj*
die Kletterausrüstung *climbing gear*
klettern (mountain) / steigen (stairs) *to climb v* **p20, 24**
bergsteigen *to climb a mountain*
das Klettern *gn climbing n* p155
das Felsenklettern *rock climbing* p155
die Klimaanlage *f air conditioning n* p60
der Knoblauch *m garlic n* p95
kochen *to cook v* **p20**
die Kochgelegenheit *f kitchenette n* p61
der Köder *m bait n* p157
der Koffer *m suitcase / trunk (luggage) n* p41
der Kofferraum *m trunk (of car) n*
der Kognak *m cognac n* p81
die Koje *f berth n*
das Kondom *gn condom n* p175
Hast du ein Kondom? *Do you have a condom?* p175
nicht ohne Kondom *not without a condom*
können *to be able to (can) v, may v aux* **p26**
Kann ich ____? *May I ____?*
konsequent *consistent(ly) adj/adv* **p15**
der Kontakt für den Notfall *m emergency contact n*
das Konto *gn account n* p123
der Kontostand *m balance (on bank account) n* p123
das Konzert *gn concert n* p118
der Kopfhörer *m headphones n*

korrekt *correct adj* p51
korrigieren *to correct v* **p20**
das koschere Essen *kosher meal* p35
kosten *to cost v* **p20**
kosten *to taste v, to try (food) v* **p20**
das Kostüm *gn costume n*
krank *sick adj* p41
der Krankenpfleger / die Krankenpflegerin *m/f nurse n* p110
der Krankenwagen *m ambulance n*
kratzen *to scratch v* **p20**
der Kratzer *m scratch n*
das Kraut *gn herb n*
das Kreditinstitut *gn credit bureau n* p121
der Krieg *m war n* p114
die Krone *f crown (dental) n*
der Kubismus *m Cubism n*
die Küche *f kitchen n* p65
die Kuh *f cow n*
Kunst- *art adj*
das Kunstmuseum *art museum*
der Handwerker *m,* **die Handwerkerin** *f craftsperson / artisan n*
die Kunst *f art n*
die Kunstausstellung *exhibit of art*
der Künstler / die Künstlerin *m/f artist n*
der Kunststoff *m plastic n* p42
kupferfarben *copper adj*
die Kuppel *f dome n* **p15**
kurz *short adj* p10
der Kurze *m shot (liquor) n*
der Kuss *m kiss n* p169
das Kuvert *gn envelope n* p130

L

laktoseunverträglich *lactose-intolerant adj* p78
das Lämpchen *light (on car dashboard)*
landen *to land v* **p20**
langsamer werden *to slow v* **p24**
das Laufband *gn treadmill n*
laufen *to walk v* **p24**
laut *loud, noisy adj 68, 69*
das Leben *gn life n* p122
Was machen Sie (formal) / machst du (informal) beruflich? *What do you do for a living?* p110
leben *to live v* **p20**
Wo wohnen Sie? (formal) / Wo wohnst du? (informal) *Where do you live?*
die Lebensmittel *gn, pl groceries n*
das Leder *gn leather n* p42
ledig *single (unmarried) adj* p104
Sind Sie ledig? *Are you single?* p104
leid *sorry adj*
Tut mir leid. *I'm sorry.*
letzter / letzte / letztes *last adv* p9
das Licht *gn light (lamp) n* p46
die Liebe *f love n*
lieben *to love v* **p20**

das Lied *gn song n* p168
die Limonade *f soda n* p39
die Diätlimonade *diet soda* p39
die Limousine *f sedan n* p43
links *left adj* p5
das Loch *gn cavity (tooth cavity) n*
die Locke *f curl n*
locker *loose adj* p140
die Loge *f box (seat) n* p153
die Luftpost *air mail*
der Expressversand *express mail*
der Versand erster Klasse *first class mail*
das Einschreiben *registered mail*
Wo befindet sich das Postamt? *Where is the post office?*

M

machen *to do v, to make v* **p20**
das Mädchen *gn girl n* p166
die Mahlzeit *f meal n* p35
das Essen für Diabetiker *diabetic meal* p35
der Mai *m May (month) n*
das Make-up *gn makeup n*
die Mama *f mom n, mommy n*
der Manager / die Managerin *m / f manager n*
der Mann *m man n*
männlich *male adj*
der Markt *m market n*
der Flohmarkt *flea market* p138
der Freiluftmarkt *open-air market*
der März *m March (month) n*
die Maschine *f machine n* p66
das Röntgengerät *x-ray machine*
der Automat *vending machine*
massieren *to massage v* **p20**
die Maus *f mouse n*
medium *medium well (meat) adj* p77
die Medizin *f medicine n, medication n*
die Meeresfrüchte *f, pl seafood n* p73
die Menge (things) / der Betrag (money) *f / m amount n* p56
das Menü *gn today's special n* **p15**
messen *to measure v* **p24**
der Metalldetektor *m metal detector n*
der Meter *m meter n*
mieten *to rent v*
das Militär *gn military n*
die Milliarde *f billion n* **p15**
der Milliliter *m milliliter n*
der Millimeter *m millimeter n*
mindestens *at least n*
die Minibar *f minibar n*
die Minute *f minute n* p4

sofort *in a minute*
mischen *to blend v* **p15**
mit *with prep* p79
mit Buffet *buffet-style adj*
mit Rollen *wheeled (luggage) adj*
mit wenig Salz *low-salt*
der Mitarbeiter *m,* **die Mitarbeiterin** *f employee n* p110
das Mitglied *gn member n*
die Mitgliedschaft *f membership n*
der Mittag *noon n* p12
das Mittagessen *gn lunch n* p74
mittel *medium adj (size)* p11
Mittel- *middle adj* p28
Mitternacht *midnight adv* p12
der Mittwoch *m Wednesday n*
das Mobiltelefon / Handy *cell phone* p122
Geben Sie mir bitte Ihre Telefonnummer? *May I have your phone number?* p168
die Telefonvermittlung *f phone operator*
das Prepaid-Telefon *prepaid phones*
der Monat *m month n* p4
der Montag *m Monday n* p12
der Morgen *m morning n* p12
morgens *in the morning* p65
morgen *gn tomorrow adv*
die Morgendämmerung *f dawn n* p12
bei Tagesanbruch *at dawn*
die Moschee *f mosque n* p114
der Motor *m engine n* p46
das Motorrad *gn motorcycle n*
müde *tired adj* p109
der Mund *m mouth n*
die Münze *f coin n*
das Museum *gn museum n* p118
das Musical *gn musical (music genre) n*
die Musik *f music n* p116
die Popmusik *pop music*
musikalisch *musical adj*
der Musiker / die Musikerin *m / f musician n* p110
der Muslim *m,* **die Muslimin** *f Muslim n* p115
die Mutter *f mother n* p103
das Muttermal *gn mole (facial feature) n*

N

der Nachbar *m,* **die Nachbarin** *f neighbor n* p103
der Nachmittag *m afternoon n* p12
nachmittags *in the afternoon*
der Nachname *m last name*
Ich habe meinen Mädchennamen behalten. *I kept my maiden name.*

Nachschenken *v refill (of beverage) v*
die Nachspeise *f dessert n* p80
die Dessertkarte *dessert menu* p80
die Nacht *f night n* p12
nachts *at night* p12, 62
pro Nacht *per night*
der Nachtclub *m nightclub n*
nah, in der Nähe *close, near adj* p5
nah *close* p5
näher *closer* p5
am nächsten *closest* p5
nähen *to sew v* **p20**
der Name *m name n* p102
der Vorname *first name*
die Nase *f nose n* p177
die Nationalität *f nationality n*
neben *next prep* p4
der nächste Halt *the next station*
der Neffe *m nephew n* p104
nehmen *to take v* **p24**
Wie lange wird das dauern? *How long will this take?*
nett *nice (kind) adj*
das Netzwerk *gn network n*
neu *new adj* p150
neun *nine adj* p7
neunter *ninth adj* p9
neunzehn *nineteen adj* p7
neunzig *ninety n adj* p7
Neuseeland *New Zealand n*
der Neuseeländer m, *die* **Neuseeländerin f** *New Zealander n*
die Nichte *f niece n* p104
Nichtraucher- *nonsmoking adj*
der Nichtraucherbereich *nonsmoking area*
das Nichtraucherauto *nonsmoking car*
das Nichtraucherzimmer *nonsmoking room*
nichts / keine *none n* p10
der Niederländer *m,* **die Niederländerin** *f Dutch n* p108
niedrig *low adj* p77
niedrig *low adj* p77
niedriger *lower*
am niedrigsten *lowest*
noch einen / eine / ein *another adj* p40, 64
der Norweger *m,* **die Norwegerin** *f Norwegian n* p109
die Note *f grade (school) n*
das Notebook *gn laptop n* p146
der Notfall *m emergency n*
der November *m November n*
die Nummer *f number n* p112
die Nuss *f nut n*

O

die Öffnungszeiten *f, pl hours (at museum) n*
ohne *without prep* p79

ohnmächtig werden *to faint v* **p24**
OK / in Ordnung *Okay adj adv*
der Oktober *m October n* p14
das Öl *gn oil n* p46, 77
die Olive *f olive n*
der Onkel *m uncle n* p104
die Oper *f opera n* p116
das Opernhaus *gn opera house n* p134
der Optiker / die Optikerin *m/f optometrist n*
orange *orange (color) adj*
der Orangensaft *m orange juice n*
die Orgel *f organ n*
örtlich *local adj* p53
der Österreicher *m,* **die Österreicherin** *f Austrian n* p108

P

das Paket *gn package n* p97
das Papier *paper n* p89
der Papierteller *paper plate* p89
die Papierserviette *paper napkin* p89
die Papiere *gn, pl identification n* p38
der Park *m park n* p119
Park- *parking adj*
parken *to park v* **p20**
Parkverbot *no parking*
die Partei *f political party n* p114
der Partner *m,* **die Partnerin** *f partner n*
der Passagier *m passenger n* p41
passen *to fit (clothes) v* **p20**
passen *to match v* **p20**
passen *to pass (gambling) v* **p20**
die Pause *f intermission n*
das Penthaus *gn penthouse n*
die Person *f person n*
Person mit Sehbehinderung *visually-impaired person*
das Personal *gn staff (employees) n* p70
das Pferd *gn horse n*
die Pizza *f pizza n* p72
der Platz *m court (sport) n*
der Platz *m seat n* p34
der Orchesterplatz *orchestra seat*
platzieren *to place v* **p20**
der Pole *m,* **die Polin** *f Polish n* p109
die Polizei *f police n* p30
die Polizeiwache *f police station n* p30
der Polizist / die Polizistin *m / f officer n* p38
das Poolbillard *gn pool (the game) n*
der Portier *m porter n* p30
die Portion *f portion (of food) n*
das Porträt *gn portrait n*
der Portugiese *m,* **die Portugiesin** *f Portuguese n* p108

der Portwein *m port (beverage) n*
die Post *f mail n/post office n* p128
die Postkarte *f postcard n*
der Preis eines Gedecks *m cover charge (in bar) n* p164
der Preis *m price n*
die Eintrittsgebühr *admission fee n* p136
in der mittleren Preiskategorie *moderately priced* p58
der Preisnachlass *m discount n*
der Kinderrabatt *children's discount*
der Seniorenrabatt *senior discount*
der Studentenrabatt *student discount*
Privat- *home adj*
die Privatadresse *home address*
die private Telefonnummer *home telephone number*
das Problem *gn problem n* p2
das Produkt *gn product n*
professionell *professional adj*
das Programm *gn program n*
protestantisch *Protestant adj*
der Puff *m bordello n* **p15**
der Pullover *m sweater n* p39
die Pumpe *f pump n*

Q

das Querformat *gn landscape (painting) n*
die Quittung *f receipt n* p121

R

das Radio *gn radio n* p43
das Satellitenradio *satellite radio* p43
die Rampe für Rollstuhlfahrer *f wheelchair ramp n*
das Rauchen *gn smoking n*
der Raucherbereich *smoking area* p31
Rauchen verboten *no smoking* p33
rauchen *to smoke v* **p20**
räumen *to clear v* **p20**
die Rechte *gn, pl rights n pl*
die Bürgerrechte *civil rights*
rechts *right adj*p48
____ befindet sich auf der rechten Seite. *____ is on the right.* p48
Biegen Sie an der Ecke nach rechts ab. *Turn right at the corner.*
Gehen Sie geradeaus. *Go straight. (giving directions)*
der Redakteur *m,* **die Redakteurin** *f editor n* p110
der Regenschirm *m umbrella n*
der Reggae *m reggae n* p116
regnen *to rain v* **p20**
regnerisch *rainy adj* p113
der Reifen *m tire n* p45
der Reservereifen *spare tire n*
die Reise *f trip n* p99

der Reiseführer *m guide (publication) n*
reisen *to travel v* **p20**
der Reisescheck *m travelers' check n*
die Reklamation *f claim n*
rennen *to run v* **p24**
die Reservierung *f reservation n*
das Restaurant *gn restaurant n*
das Steakhaus *steakhouse*
das Rezept *gn prescription n* p38
die Rezeption *f front desk n*
die Richtung *f direction*
Einbahnstraße *one way (traffic sign)*
riechen *to smell v* **p24**
das Riff *gn reef n* p158
der Rock'n'Roll *m rock and roll n* p116
der Roller *m scooter n* p43
der Rollstuhl *m wheelchair n* p36
der Zugang per Rollstuhl *wheelchair access*
die Rampe für Rollstuhlfahrer *wheelchair ramp*
der elektrisch betriebene Rollstuhl *power wheelchair*
die Rolltreppe *f escalator n*
der Roman *m novel n*
der Mystery-Roman *mystery novel*
der Liebesroman *romance novel*
romantisch *romantic adj*
rosa *pink adj*
die Rose *f rose n*
rot *red adj* p173
rothaarig *redhead adj* p106
der Royal Flush *royal flush*
der Rücken *m back n* p190
die Rückenmassage *f back rub n* p169
rufen *to call (shout) v* **p24**
rufen *to shout v* **p24**
ruhig *quiet adj*
der Rum *m rum n* p81
der Russe *m,* **die Russin** *f Russian n* p109

S

der Saft *m juice n* p89
sagen *to say v* **p20**
der Salat *m salad n* p97
das Salz *gn salt n* p84
sammeln *to collect v* **p20**
der Samstag *m Saturday n* p13
der Satellit *m satellite n* p43
das Satellitenradio *satellite radio* p43
die Satellitenverfolgung *satellite tracking* p43
die Sauerstoffflasche *f oxygen tank n*
scannen *to scan (document) v* **p20**
das Schalentier *gn shellfish n* p79
der Schalter *m window n*

der Abgabeschalter *drop-off window* p130
der Abholschalter *pickup window* p130
Schau her! *Look here!*
der Scheck *m check n* p83
der Scheinwerfer *m headlight n*
schieben *to hold (gambling) v* **p24**
das Schiffswrack *gn shipwreck n*
das Schild „Vorfahrt gewähren" *gn yield sign n*
der Schlafwagen *m sleeping car n*
Schlangenaugen! *Snake eyes! n*
schlecht *adj bad adj*
schließen *to close v* **p24**
schlimmer *worse See schlecht*
das Schloss *gn castle n*
das Schloss *gn lock n* p150
schlucken *to swallow v* **p20**
schmal *narrow adj* p11
schmerzen *to hurt (to feel painful) v* **p20**
Autsch! Das tut weh! *Ouch! That hurts!*
die Kopfschmerzen *m, pl headache n* p111
die Zahnschmerzen *m, pl toothache n*
Ich habe Zahnschmerzen. *I have a toothache.*
schminken *to make up (apply cosmetics) v* **p20**
das Schnäppchen *gn deal (bargain) n*
schneiden *to cut v* **p24**
der Schneider / die Schneiderin *m / f tailor n* p66
schnell *fast adj* p49, 128
der Schnitt *m cut (wound) n*
der Schnorchel *m snorkel (breathing tube) n*
der Schnuller *m pacifier n*
schön *beautiful adj* p105
schottisch *Scottish adj*
schreiben *to write v* **p24**
Könnten Sie mir das bitte aufschreiben? *Would you write that down for me?*
der Schuh *m shoe n*
die Schule *f school n*
die Mittelstufe *junior high / middle school*
die juristische Fakultät *law school*
die medizinische Fakultät *medical school*
die Grundschule *primary school*
die weiterführende Schule *high school*
der Schwan *m swan n*
schwanger *pregnant adj*
schwarz *black adj* p106
der Schwede *m,* **die Schwedin** *f Swedish n* p109
das Schwein *gn pig n*

der Schweizer *m*, **die Schweizerin** *f Swiss n* p108
die Schwester *f sister n*
schwierig *difficult adj* p155
schwimmen *to swim v* **p24**
Schwimmen verboten. *Swimming prohibited.*
die Schwimmweste *f life preserver n*
sechs *six adj* p7
sechzehn *sixteen adj* p7
sechzig *sixty adj* p7
das Segel *gn sail n*
das Segeltuch *gn canvas (fabric) n* p42
sehen *to see v* **p24**
Dürfte ich das mal sehen? *May I see it?*
sehr *very* p70
seicht *shallow adj*
die Seide *f silk n* p139
das Seil *gn rope n*
sein *to be v* **p23**
sein / seine *his adj*
Selbstbedienungs- *self-serve adj*
das Selters *gn seltzer n* p80
senden *to send v* **p20**
der September *m September n*
der Service *m service n* p36
außer Betrieb *out of service*
die Servicegebühr *f service charge n* p64
servieren *to serve v* **p20**
die Serviette *f napkin n*
setzen *to put (gambling) v* **p20**
Setzen Sie das auf Rot / Schwarz! *Put it on red / black!* p173
Beeilen Sie sich bitte! *Hurry, please!*
sicher *safe (secure) adj*
die Sicherheit *f security n* p30
die Sicherheitsschleuse *security checkpoint*
der Sicherheitsbeamte *security guard* p30
die Sicherung *f fuse n*
sie *f she / they*
sie *them pron pl* p3
Sie *you pron sing/pl (formal)*
sieben *seven adj* p7
siebter *seventh adj* p9
siebzehn *seventeen adj* p7
siebzig *seventy adj* p7
das Sightseeing *gn sightseeing n*
das Silber *gn silver n*
Silber- *silver adj*
silbern *silver (color) adj*
singen *to sing v* **p24**
sitzen *to sit v* **p24**
die Skulptur *f sculpture n*
die Socke *f sock n*
die Software *f software n*
der Sohn *m son n* p105
der Sommer *m summer n* p14
die Sommersprosse *f freckle n*
die Sonne *f sun n*
der Sonnenbrand *m sunburn n*

die Sonnenbrille *f sunglasses n* p139
die Sonnencreme *f sunscreen n*
sonnig *sunny adj* p113
der Sonntag *m Sunday n* p12
die Soße *f sauce n*
der Sozialismus *m socialism n*
der Spanier *m,* **die Spanierin** *f Spanish n* p108
spanisch *Spanish adj* p108
spät *late adj* p12
Bitte pünktlich sein. *Please don't be late.*
später *later adv*
der Spaziergang *m walk n*
der Specht *m woodpecker n*
die Speisekarte *f menu n* p74
das Kindermenü *children's menu*
das Diabetikermenü *diabetic menu*
die Spezialität *f special (featured meal) n*
das Spiel *gn match (sport) n*
die Spielekonsole *f game console n* p145
spielen *to play (a game) v* **p20**
spielen *to play (an instrument) v* **p20**
der Spielplatz *m playground n*
der Spielstand *m score n*
das Spielwarengeschäft *gn toy store n*
das Spielzeug *gn toy n*
der Spind *m locker n* p150
der Umkleidesschrank *gym locker*
der Aufbewahrungsschrank *storage locker*
der Split *m split (gambling) n*
der Sport *m sports n*
die Sporthalle *f coliseum n*
sprechen *to speak v, to talk v* **p24**
Wir sprechen Englisch. *English spoken here.*
der Sprung *m crack (in glass object) n*
spülen *to flush v* **p20**
der Staat (gov.) / der Status (status) *m state n*
das Stadion *gn stadium n* p152
die Stadt *f city n* p61
das Stadtzentrum *gn downtown n* p137
der Stecker *m plug n* p145
stehen *to stand v* **p24**
die Steuer *f tax n* p143
die Mehrwertsteuer (MwSt) *value-added tax (VAT)*
stillen *to nurse v* **p20**
die Stirn *f forehead n*
der Stoff *m fabric n*
STOP *STOP (traffic sign)*
stornieren *to cancel v* **p20**
die Strafe *f fine (for traffic violation) n* p183
die Strähnchen *gn, pl highlights (hair) n* p148
der Strand *m beach n* p118
stranden *to beach v* **p20**
die Straße *f road n* p48

die Straße *f street n* p6
am Ende der Straße *down the street*
gegenüber *across the street*
streichen *to paint v* **p24**
das Streichholz *gn match (fire) n*
die Streitkräfte *f pl armed forces n pl*
die Strömung *f current (water) n*
die Stufe *f stair n* p185
die Suche *f search n*
das Abtasten *hand search*
suchen *to look for (to search) v* **p20**
die Suite *f suite n* p58
der Supermarkt *m supermarket n*
surfen *to surf v* **p20**
das Surfbrett *surfboard n*
der (Swimming-)Pool *m pool (swimming) n*
die Symphonie *f symphony n*

T

die Tablette *f pill n*
die Tablette gegen Seekrankheit *f seasickness pill*
der Tacho *m speedometer n*
die Tafel *f board n*
der Tag *m day n* p149
die Tante *f aunt n* p104
tapfer *brave adj* **p15**
die Tariftabelle *f rate plan (cell phone) n*
Haben Sie eine Tariftabelle? *Do you have a rate plan?*
die Tasche *f* / **die Tüte** *f bag n*
tatsächlich *actual adj* p15
taub *deaf adj*
tauchen *to dive v* **p20**
tauchen (mit Atemgerät) *to scuba dive v*
Ich tauche mit Atemgerät. *I scuba dive.*
schnorcheln *to snorkel v*
tausend *thousand adj* p7
das Taxi *gn taxi n* p50
Taxi! *Taxi!*
der Taxistand *taxi stand*
der Techno *m techno n (music)*
der Tee *m tea n* p82
Tee mit Milch und Zucker *tea with milk and sugar*
Tee mit Zitrone *tea with lemon*
Kräutertee *herbal tea*
das Telefon *gn phone n*
Telefon- *phone adj* p168
der Telefonanruf *m phone call n*
das R-Gespräch *collect phone call*
das Auslandsgespräch *international phone call*
das Ferngespräch *long-distance phone call*
die Telefonauskunft *phone directory*
die Telefonauskunft *f directory assistance*

der Tempel *m temple n* p114
das Tennis *gn tennis n* p59
der Termin *m appointment n* p136
das Terminal *gn terminal (airport) n* p33
teuer *expensive adj* p164
das Theater *gn theater n* p133
das Theaterstück *gn play n*
die Theke *f counter (in bar) n* p36
Ticket *gn ticket n* p30
tief *deep adj* p157
das Tier *gn animal n*
der Tisch *m table n* p21
die Tochter *f daughter n* p105
die Toilette *f toilet n* p68
das Toilettenpapier *gn toilet paper n*
die Tonne *f ton n*
das Tor *gn goal (sport) n*
trainieren *to train v* **p20**
das Training *gn workout n*
die Transaktion *f transaction n*
der Transfer *m transfer n*
die Überweisung *money transfer* p120
transferieren / überweisen *to transfer v* **p20, 24**
die Traube *f grape n*
traurig *sad adj* p109
der Treff *m hangout (hot spot) n*
Treppen steigen *to climb stairs*
der Tresor *safe (for storing valuables) n* p67
trimmen *to trim (hair) v* **p20**
trinken *to drink v* **p24**
das Trinkgeld *gn tip (gratuity)* p83
inklusive Trinkgeld *tip included* p83
trocken *dry adj*
trocknen *to dry v* **p20**
die Trommel *f drum n*
die Trompete *f trumpet n*
tropfen *to drip v* **p20**
der Truthahn *m turkey*
der Tscheche *m,* **die Tschechin** *f Czech n* p109
die Tür *f door n* p69
das Gate *gate (at airport)* p30
der Türke *m,* **die Türkin** *f Turkish n* p109

U

die U-Bahn *f subway n*
die U-Bahn-Linie *subway line*
die U-Bahn-Haltestelle *subway station*
Mit welcher U-Bahn komme ich zu / zur / zum ____? *Which subway do I take for ____?*
die Übelkeit *f nausea n* p176
über *above adj* p69
überall / irgendwo *anywhere adv*

überfallen *to mug (assault) v* **p24**
überfallen werden *to get mugged*
überhitzen *to overheat v* **p20**
die Übernachtung mit Frühstück *f bed-and-breakfast (B & B) n*
überprüfen / sich vergewissern *to check v* **p20**
die Uhr *m clock n, watch n*
Uhr *o'clock adv* p4
zwei Uhr *two o'clock*
die Uhrzeit *f time n* p139
die Uhrzeit für das Auschecken *check-out time*
kein Ausgang *not an exit*
der Notausgang *emergency exit* p34
die Umkleide *f locker room n*
die Umkleidekabine *f changing room n*
die Umkleidekabine *f fitting room n*
umsehen *to look (observe) v* **p24**
die Umwelt *f environment n*
der Umzug *m parade n*
der Unfall *m accident n*
unfrei *collect adj*
die Universität *f university n*
unter *below adj* p69
unterbrechen *to disconnect v* **p24**
das Unternehmen *gn business n* p37
unterschreiben *to sign v* **p24**
Unterschreiben Sie bitte hier. *Sign here.*
die Untertitel *m, pl subtitle n*
die Unterwäsche *f underwear n*
die Unze *f ounce n*
der Urlaub *m vacation n* p37
im Urlaub *on vacation*
in Urlaub gehen *to go on vacation*
der USB-Anschluss *m USB port n*

V

der Vater *m father n*
der Vegetarier *m,* **die Vegetarierin** *f vegetarian n*
das vegetarische Essen *vegetarian meal* p35
der Ventilator *m fan n*
die Verbindungsgeschwindigkeit *f connection speed n* p128
verdächtig *suspiciously adv* p48
Verdammt! *Damn! expletive*
die Verdauungsstörung *f indigestion n*
verfügbar *available adj* p135
verheiratet *married adj* p104
die Verhütung *f birth control n* p171, 180
Ich nehme die Pille. *I'm on birth control.*
verkaufen *to sell v* **p20**

der Verkäufer *m*, **die Verkäuferin** *f salesperson n* p110
der Straßenhändler *m*, **die Straßenhändlerin** *f street vendor*
der Verkehr *m traffic n* p45
Wie ist der Verkehr? *How's traffic?*
Es ist viel Verkehr. *Traffic is terrible.*
die Verkehrsregeln *traffic rules*
der Verkehrsstau *m congestion (traffic) n*
verkohlt *charred (meat) adj* p77
der Verkostungsraum *m tasting room n*
verlangsamen *to slow v* **p20**
Fahren Sie bitte langsamer. *Slow down!* p51
verlieren *to lose v* **p24**
der Verlobte *m*, **die Verlobte** *f fiancé(e) n*
die Vermittlung *f operator (phone) n* p64
verschütten *to spill v* **p20**
verschwinden *to disappear v* **p24**
verschwommen *blurry adj* p178
versenden *to ship v* **p20**
die Versicherung *f insurance n* p183
die Unfallversicherung *collision insurance*
die Haftpflichtversicherung *liability insurance*
die Version *f version n* p128
die Verspätung *f delay n* p36
verstehen *to understand v* **p24**
Ich verstehe nicht. *I don't understand.*
Verstanden? *Do you understand?*
verstopft *constipated adj*
die Verstopfung *f congestion / constipation n* p176
versuchen *to try (attempt) v* **p20**
der Verwandte *m*, **die Verwandte** *f relative n*
verwenden *to use v* **p20**
verwirrt *confused adj*
verzollen (customs) *to declare v* **p20**
das Video *gn video n*
der Videorekorder *m VCR n*
viel *a lot n*
viel *much adj* p10
viel Spaß *have fun* pvii
viele *many adj* p10
vier *four adj* p7
vierter *fourth adj* p9
ein Viertel *one quarter, one fourth*
vierzehn *fourteen adj* p7
vierzig *forty adj*
das Vinyl *gn vinyl n* p42
violett *purple adj*

das Visum *gn visa n*
der Vogel *m bird n*
voll *full adj* p82
vorbereitet *prepared adj*
Vorder- *front adj* p34
vorgestern *the day before yesterday adv* p13
die letzten paar Tage *these last few days*
vorstellen *to introduce v* **p20**
die Vorstellung *f show (performance) n*
vorwärts *forward adj* p6

W

der Wachmann *m guard n* p30
der Sicherheitsbeamte *security guard* p30
wachsen *to grow (get larger) v* **p24**
Wo sind Sie (formal) / bist du (informal) aufgewachsen? *Where did you grow up?*
die Wahl *f election n* p114
wählen *to dial (a phone number) v* **p20**
wählen *to vote v* **p20**
wandern *to hike v* **p20**
wenig *little*
wann *when adv* p3
der Wartebereich *m waiting area n* p30
die Warze *f wart n*
was *what adv* p3
Was gibt's? *What's up?*
das Waschbecken *gn sink n*
das Wasser *gn water n* p39
das heiße Wasser *hot water*
das kalte Wasser *cold water*
der Wasserhahn *m faucet n*
das Wechselgeld *gn change (money) n*
der Wechselkurs *m exchange rate n* p121
wechseln *to change (money) v / to change (clothes) v* **p20**
der Wecker *alarm clock* p67
Weckruf *wake-up call n* p67
der Weg *m trail n* p156
weiß *white adj*
weich *soft adj*
der Wein *m wine n* p47, 76
das Weingut *gn vineyard n*
welcher / welche / welches *which adv* p3
weniger *See* **wenig** p156
wer *who adv* p3
Wem gehört ____? *Whose is ____?*
der Western *western n (movie)*
westlich, abendländisch *western adj*
die Wette *f bet n* p174
Ich gehe mit. *I'll see your bet.* p174
wetten *to bet v* **p20**
der Wetterbericht *m weather forecast n*
wie *how adv* p3, 11
wie (viel) *how (much) adv* p3

Wie viel? *How much?* p3
Für wie lange? *For how long?*
wie (viele) *how (many) adv*
wiedergutmachen *to make up (apologize) v* **p20**
wiedergutmachen *to make up (compensate) v* **p20**
wiederholen *to repeat v* **p20**
Könnten Sie das bitte wiederholen? *Would you please repeat that?* p2
Auf Wiedersehen *m goodbye n* p100
wiegen *to weigh v* **p24**
das Wi-Fi *gn wi-fi n*
willkommen *welcome adj*
Gern geschehen. *You're welcome.*
die Wimper *f eyelash n*
die Windel *f diaper n*
die Stoffwindel *cloth diaper*
die Wegwerfwindel *disposable diaper*
windig *windy adj* p113
windsurfen *to windsurf v*
der Winter *m winter n* p14
wir *we pron pl*
wirklich *really adj*
die Wirtschaft *f economy n*
das Wischerblatt *gn wiper blade n*
wissen *to know (something) v* **p33**
die Witwe *f widow n* p104
der Witwer *m widower* p104
Wo ist ____? *Where is ____?*
wo *where adv* p3
die Woche *f week n* p4, 13
diese Woche *this week*
letzte Woche *last week*
nächste Woche *next week*
eine Woche *one week* p13
in einer Woche *a week from now*
der Wodka *m vodka n*
das Wohnmobil (van) / der Wohnwagen (trailer) *gn / m camper n*
wollen *to want v* **p25**
das Wörterbuch *gn dictionary n*
wütend *angry adj* p109

X
XL- *extra-large adj*

Z
der Zahn *m tooth n* p181
der Zahnarzt *m dentist n* p177
zehn *ten adj* p7
zehnter *tenth adj* p9
zeichnen *drawing (activity) v* **p20**
die Zeichnung *f drawing (work of art) n* p117
zeigen *to point v* **p20**
Könnten Sie mir das bitte zeigen? *Would you show me?*
die Zeit *f time n* p156
die Zeitschrift *f magazine n*
die Zeitung *f newspaper n*

der Zeitungsstand *m newsstand n* p31
zelten *to camp v* **p20**
der Zentimeter *m centimeter n*
(zer-)brechen *to break v* **p24**
zerbrechlich *fragile adj* p129
zerkocht *overcooked adj*
zerkratzt *scratched adj* p45
die Ziege *f goat n*
ziehen *to pull v* **p24**
das Ziel *gn destination n*
die Zigarette *f cigarette n*
die Schachtel Zigaretten *pack of cigarettes*
die Zigarre *f cigar n*
das Zimmer *gn room (hotel) n*
das Zimmermädchen *gn maid (hotel) n*
der Zinssatz *m interest rate n* p121
Zoll *inch*
der Zoll *m customs n* p33
der Zoo *m zoo n* p118
der Zopf *m braid n* p147
zu *too (excessively) adv*
zu *toward prep*
der Zug *m train n* p51
der Expresszug *express train*
der Nahverkehrszug *local train*
das Zuhause *gn home n*
zurückgeben *to return (something) v* **p24**
zurückkehren *to return (to a place) v* **p20**
zusätzlich *extra adj* p66
zusehen *to watch v* **p24**
der Zustand *m condition n*
in gutem / schlechtem Zustand *in good / bad condition*
zuvorkommend *courteous adj* p70
zwanzig *twenty adj* p7
zwei *two adj* p7
zweisprachig *bilingual adj*
zweiter *second adj* p9
zwölf *twelve adj* p7

NOTES

NOTES

NOTES

NOTES

NOTES

NOTES

NOTES

NOTES